你是孩子的起跑线
也是孩子的天花板

吴志翔 著

南方出版传媒

花城出版社

中国·广州

图书在版编目（ＣＩＰ）数据

你是孩子的起跑线，也是孩子的天花板 / 吴志翔著
. -- 广州：花城出版社，2018.7
ISBN 978-7-5360-8706-4

Ⅰ. ①你… Ⅱ. ①吴… Ⅲ. ①家庭教育 Ⅳ. ①G78

中国版本图书馆CIP数据核字(2018)第147307号

出 版 人：詹秀敏
责任编辑：陈宾杰　黄玉雯
技术编辑：薛伟民　凌春梅
封面绘图：xi 瓜
封面设计：荆棘设计

书　　名	你是孩子的起跑线，也是孩子的天花板 NI SHI HAIZI DE QIPAOXIAN, YE SHI HAIZI DE TIANHUABAN
出版发行	花城出版社 （广州市环市东路水荫路 11 号）
经　　销	全国新华书店
印　　刷	佛山市浩文彩色印刷有限公司 （广东省佛山市南海区狮山科技工业园 A 区）
开　　本	880 毫米×1230 毫米　32 开
印　　张	11.5　1 插页
字　　数	180,000 字
版　　次	2018 年 7 月第 1 版　2018 年 7 月第 1 次印刷
定　　价	35.00 元

如发现印装质量问题，请直接与印刷厂联系调换。
购书热线：020－37604658　37602954
花城出版社网站：http://www.fcph.com.cn

要抓就抓『大鱼』

> 这满架的紫藤花正在怒放。人这辈子有多
> 少个这样年华、阳光、鲜花、梦幻全都正好在
> 场的瞬间……
>
> ——鲁引弓《小欢喜》

今天正好是2018年全国高考的第一天。我坐在这里写这本书的序言，心潮难抑。

近一千万考生今天走上考场。曾经，这里几乎是一个与命运对决的地方。

多年前，我自己也曾懵懵懂懂地走上考场。那时候，还没有互联网，没有全民关注的热度，没有父母在考场外焦急守候的身影，但

社会上也已经浮动着一种焦虑，当时的高考月被一部报告文学称作"黑色的七月"。

尽管在我看来，时至今日，高考其实不再是决定一个人命运的分水岭。从发展的长程性来看，上了大学随便混几年，并不能保证其拥有身份上的优越感和发展机会上的优先权，

而没上大学却一直在努力的人，反倒可以开创自己的锦绣前程；甚至读了所谓一流大学的人，在事业的高度和创造的价值上也不当然地比读了二三流大学的人强，关键看入学以后和毕业以后的修为。从发展的多元性来看，不但人各有志，而且人各有智——社会需求和成才路径更趋多元，人的志趣和智能也是多元的，在大学里读"废"的人不少；被"研究型"大学抬高了就业眼光，却既没有掌握学术能力、又没有拥有真实技能的人不少，眼高手低，很多方面反不如高职学生甚至技术职高生。比选择更重要的，是"选择之后"；比升学更重要的，是"升学之后"。高考成功未必就是万事成功，考场失意也未必走不出自己的阳光道。高考，不复是能撬起整个人生的阿基

米德点。

对有的人来说，一生的巅峰就是高考之时，或者在高考结束收到录取通知书的时候。

对有的人来说，恰恰是从高考失利的谷底出发，逐渐走向自己的一个又一个巅峰。

决定一个人是否成功的，除了分数，除了升学，除了金光闪闪的金字招牌，还有更重要的东西，那才是成长中需要紧紧抓住的"大鱼"。

有人庆幸，走上考场的不再是"我们"，而是"他们"。

因为我们，已把当年十多年寒窗苦学过、烂熟于心的东西，差不多都还给老师了。好事者还戏贴出最简单的高考"送分题"，看看告别校园多年的我们是否还会做，结果是，没多少人还能看懂题目的意思（尤其是数学、理综之类）。所以，每年大伙儿对褒贬作文题总是特别来劲，因为这恐怕是我们唯一还可以有点发言权的领域了吧。

高考那会儿，的确是我们一生中拥有"知识量"的巅峰期啊。

听来怎么有点悲哀呢？

当然，苛求这些是可笑的；到现在还要记得哪个省有什么矿，哪个年代发生哪桩事，还要知道某解析几何题的几种解法，或者哪种元素的熔沸点是多少……因为就像怀特海说过的，教育就是把这些都忘记了以后剩下的东西。

这点剩下的东西是什么？好像看不见，摸不着，却几乎主导或牵引着我们的人生。

是我们看待世界的眼光，是我们对待人生的态度，是我们为人处事的准则。

也就是所谓"三观"：世界观、人生观、价值观。当然还有方法论。

是开放的心智模式，是圆融的思维方式，是宽容而又独立的理性精神。

是好奇心，是探究欲，是想象力，是创造性。

是好习惯，是专注力，是意志品格，是自省意识。

是保持努力和善良，是对于美好的渴望，是成全生命的意欲。

是一个人的核心素养。

是真正的深水大鱼。

可在十多年不断重复着刷题，只盯着考试分数，只瞄准升学的"学习"生涯结束后，我们究竟能"剩下"多少东西？我们的心态太着急了，我们的目标性太强了，我们太喜欢"生扑"和"死磕"了，我们与各种题型搏斗，在一场又一场考试中争夺，我们占据一个个"重点"的礁石，却忽视了整片汪洋大海。我们过分执着于那些注定被遗忘的内容，那些终将被岁月和生活之筛淘汰的"知识点"，我们拼命想抓取那些飘荡在水面上的分数的浮标甚至浮沫，却没有看到水底下游弋的大鱼。没有非功利的余裕，没有貌似无用的积淀，没有"德润身"式的修养，在考完以后，在遗忘之后，还能"剩下"什么？

对一些人来说，剩下的可能只有厌倦，只有空虚，他们在高考完以后就扔书、撕书、烧书。可悲之处正在这里，高考结束以后本该进入更为自主、以兴趣为向导的探究之旅程，但是，学习结束了，"game over"了。不少人不但面临着"学业枯竭",更直接掉进了"动力枯竭"的陷阱。

高考似乎成了很多人孜孜以求的教育终点:"教育"结束,"生活"开始。

我刚才说庆幸走上考场的是"他们"而不是"我们",其实是不确的,因为"他们"很快就是"我们"——我们的孩子。孩子即将长大。坦诚地说,对于孩子的考试我们恐怕会有更深切的牵挂,更深度地卷入。

从"我们"到"他们",中间大概会有十来年的空隙。

然而,真的有空隙吗?

填满了这段空隙的,是孩子上幼儿园、幼升小、小升初和比高考还要紧张的中考,是上补习班、培训班和中年危机撞上青春期,是"小痛爱""小舍得""小别离"和夹着忧愁的"小欢喜"……

是那些不知如何选择的纠结的夜晚,是那些苦苦等待结果的焦虑的夜晚,是那些计算着又要花多少钱的心痛的夜晚,是那些想破了脑袋却找不到择校路径的发愁的夜晚，是那些陪着孩子做作业熬到哈欠连天的疲惫的夜晚，是那些因为孩子行为习惯或学业表现不佳而失眠的夜晚，是那些因为夫妻想法不合而克制不住吵架的夜晚，是那些孩子终于获得全优拿到推荐名额后激动的夜晚……

"时间去哪儿了？"一首简简单单的歌，听下来，我们为什么会潸然泪下？

眼看着孩子越长越大，回头看看自己，也快要或已经步入中年。

我说，不要让教育变成生活，要让生活变成教育。可是，孩子的教育几乎就是我们生活的全部呀。

我说，教育很大，生活更大。可是，不高度参与孩子的教育，不拼着命地往前赶，生活是不是会变得更加卑微？

我们的人生一定曾经或正在与教育缠绕在一起。教育带给你成功，教育也带给你疼痛。教育是第一次戴上红领巾的懵懂，教育是长大成人后还会半夜惊醒的梦。教育是一个又一个在无垠场域发生的事件，是唤醒的艺术和陪伴的智慧，是一场接一场永远没有止境的"约会"。

教育是"小痛爱""小舍得""小欢喜"和"小别离"。

我们还有更大的世界吗？是不是都要等到孩子上大学了，然后，我们才会有自己的"生活"？我们的生命竟被时间之刃切割得那么整齐、斩截、分明，刀口利落：之前是"教育"，之后是"生活"；之前是"受苦"，之后是"享福"；之前是"舍得"，之后是"值得"。是这么回事儿吗？

《小欢喜》里的那个女孩一语点明了此种现实生态的荒谬："生活又不是高考结束以后才开始的……"

我们是如此投入地全身心扑在孩子的教育上，从有的角度看过来简直可歌可泣，至少是感动了自己。不错，人是需要砥砺前行的，孩子是需要经受压力和磨炼才能成长的，可我们也得好好反思一下，我们和孩子所追求的究竟是什么，得到的又是什么？

畸异的"读书生态系统"令我们焦虑，而我们的焦虑令"读书生态系统"更加畸异。鲁引弓"教育四重奏"所描画的，就是几个普普通通的家庭为了孩子读书升学之事而疲于奔命、身不由己、操碎了心的故事，家长们似乎被笼罩在一种近乎"集体无意识"般的焦虑、着急之中。而我们都知道，现实中的一些情形甚至更加令人无语。

　　有人说是"剧场效应"绑架了中国教育，前面的人站起来了，后面的人也只能跟着站起来，否则啥也看不见。比如，有人"抢跑"，"零起点"的孩子就明显弱势了；有人补习，不上补习班的人就明显"落后"了；别人在延长上课时间（挤占周六周日和课间）、增加作业量，自己不这么干明显吃亏了（这也有教师的份）……我多年前曾专门撰文呼吁要走出教育中的"囚徒困境"，在这个困境里，每个人都出于"现实理性"的考虑而做出了认为最合乎自己利益的选择，所致的结果，恰恰最不"理性"也最不合乎所有人的利益，这样人们就真的沦为应试教育下的绝望的"囚徒"——

这不免令我想到了《三体》中"猜疑链"的概念。"剧场效应"也好，"囚徒困境"也罢，都是基于对现象以及心理的深切观察，而对人们的选择做出的本质性理解。

其实，我们很多的家长，更像是剧场里的"后排观众"。著名记者、传播学学者李普曼提出过这个概念，认为普通人就像后排的聋哑观众，没有办法使自己保持清醒。宋代大儒朱熹也早就有这样的洞见，他取了个名词叫"矮人看戏"，场上的矮人只能是听大伙儿说好也便说好，不可能有自己的定见。社会学家勒庞则提出了"乌合之众"的概念，认为处于群体中的人，无论智力高低最后都会向平庸的群体观点趋近，"在集体心理中，个人的才智被削弱了，从而他们的个性也被削弱了，异质性被同质性所吞没，无意识的品质占了上风。"（乌合之众，53页）在群体中，感情和行为具有传染性，而像"焦虑"这样的东西更是传染得比什么都要快。一个人，无论是教授、官员、报社总编还是商场精英，一旦成为家长群体中的一员，都会像"受到催眠的人"一样，判断力下降了，个性力量减弱了，尤其是，树欲静而风不止，失去了必要的定力，只能随风起舞。

于是，所有人都抓分数，不抓"大鱼"。

事实上，太焦虑、太着急的人也是抓不到大鱼的。

要抓住孩子成长中的"大鱼"，父母应领悟"爱"的真谛，真正地悦纳孩子；完善自己的亲职教育，照顾孩子真切的成长需求，减少过剩的控制欲，在放心与放手之间保持平衡，把握早期发展能力和建立信念的机会；要让家里不"缺爱"，营造平和友好的家庭氛围，在任何匆忙境界中都有一定的余裕心，不让着急的火气带乱了成长的节奏和奔跑的气息，尤其是不能让焦虑毁掉基本的幸福感，在给孩子安全感的前提下给他们专注力；不能把家庭教育窄化为家庭教学，要努力使自己成为孩子完美的"起跑线"，让自己的眼光和格局成为孩子自由生长的高高的"天花板"；学习教育的柔性智慧，掌握好惩罚与赏识的理性尺度（"陌生人法则"）；理解教育是一种生命的成全，是追求一种"看不见"的成功，是人格的完善和永远保持对美好的饥渴感，是相信每一个孩子都能找到自己生命的出口；专注于培养孩子的高阶能力和核心素养，为过一种完整而幸福的生活奠基；引领孩子学会与同伴相处，也让自己慢慢地接受与孩子的分离⋯⋯

不要着急——这也是身为一个家长的我对自己的提醒。静水深流，而深水里有大鱼。

育人，真的需要静下心来。我们很难达到"不以物喜，不以己悲"的境界，但应该做到不把水面的细浪微澜看作惊涛骇浪，不以一日之得失来评判百年大计，不以毫厘之进退来看待万里征程。要有耐性，要有必要的钝感，要有顾炎武"道远不须愁日暮"的雄心和视野。我经常说，给一点阳光就灿烂的人，也有可能把一片树荫看成乌云，我们的心情不能被即时的"成败"所取悦和损害，像曾国藩批评过的那样："秋毫之荣华而以为喜，秋毫之摧挫而以为愠。"我们真正要在乎的是"终身之忧"，而不是"一朝之患"。我们要抓住的是孩子成长中的"大鱼"，追求的是他们生命的成全。世俗意义上的成功是给别人看的，成全则对自己负责。

这，何尝不是我们的自我教育、自我修养和自我成全？

这也正是我写作本书的初心。

教育上很大的问题，就是四个字：谁也不服。要让人"服"，必须拿"成绩"来说话：分数、名次、升学率、有含金量的奖项、几人上北大清华……诸如此类。教育是柔软的？错！教育是最硬的，要有最硬的指标，最硬的招牌。教育是一种成全？可笑！不成功的人才会拿所谓的"成全"来自我安慰。

在这样的话语面前，我只能沉默。我曾经说过，价值观几乎是没法辩论的。当一个人自己不保持一种开放的学习态度，不曾有过一点反思之心，那么只能在自己狭小的世界里执拗地一路狂奔。

但我相信，所有正与孩子一道行进在教育的泥泞之路或荆棘之途上的人们，在匆忙的过程，在疲惫的间际，会有不舍，会有不忍，会有丝丝缕缕的怀疑，会有点点滴滴的自省，会有"蓦然之间的一种心疼"（这是我多年前写的一篇传播度极高的文章篇名）。难道我们不曾体验过这样的滋味，吼叫过孩子以后，更后悔的是父母自己？难道我们不知道，每一次对孩子的"鞭打"，都更狠地抽在自己的心头？只是因为焦虑，因为着急，身为学生家长的"我"，早已经变得不再是"我"，已忘记了自己作为父母与孩子最初的相遇：那一刻的阳光，那一刻的凝视，那一刻的柔软……

　　我的一位同学曾问过我，你写的东西不是考试策略，不是升学指南，也没有培养孩子上名牌大学的案例，有用吗？你真的觉得"柔软"和"成全"之说对于家长们是有意义的吗？我说我不知道有没有用，只希望自己不是在说教：我从不奢望一篇文章或一本书就能改变什么，每个人的心都是一个堡垒，想要让一番道理入心是天下最难的事，如果我的文字能在某个短暂的瞬间，给读到它的人一点小小的触动，也就心满意足了。我说，我们都看过电影，一些温暖的电影都曾给我们感动吧？我们可能会流泪，内心可能会柔软，我们带着那种美好的温暖走出影院，那一会儿我们看待世界、他人和自己的眼光都有点不一样。我们会觉得要珍惜家人，要拥抱当下，要摄护并扩大善念，等等。但是当我们来到嘈杂的大街上，当噪音和尾气扑面而来，身边所有人的步履都显得那么匆匆，刚才退隐的焦虑和烦恼又会悄然滋长，我们又不自觉地穿上了"盔甲"，戴上了"面具"。刚才的情调和心境都烟消云散，我们好像什么也没有改变。但是，谁又能否认，刚才那一会儿的温暖、柔软和感动就没有意义呢？

作家韩少功《暗示》全书最后的一段文字带给过我感动和启示，他写道——你给一只寒冷的狗垫上温暖的棉絮，狗会长久地看着你；你给一只受伤的鸟以疗救，鸟飞上树梢后会回头看你……然后，它们走远了，飞远了，再也不会回头：

"这一刻很快会过去。但有了这一刻，世界就不再是原来的世界，不再是没有过这一刻的世界。感激和信任的目光消失了，但感激和

信任弥散在大山里，群山就有了温暖，有了亲切。"（韩少功《暗示》）

我的老乡、物理学家潘建伟院士在一次演讲中说，对量子力学来说，"看见即改变"。我不懂量子力学，但却被这句话所蕴含的哲学意味深深打动，时时在心头玩味。

你可能还是会焦虑，还是会着急，还是会在考试和升学的路上追逐，但因为有了对于柔软、成全、初心的"看见"，留意到了孩子生命中"看不见"的"大鱼"，你就会于匆忙中多几分余裕，多几分对于美和善的守护。

世界就不再是原来的世界。

目录

爱是一个生命对另一个生命的承诺

　　她轻轻地走进了主卧，女儿轻轻地打着呼，黑暗的房间里，是宝贝自婴儿起海萍就熟悉的气息，仿佛奶香。海萍突然想哭，她向女儿凑近去，从窗帘外透进来的路灯光，映着小女孩进入梦乡的脸庞，好像天真懵懂，好像随时会被惊惧。……海萍想起14年前自己躺在产房里，护士抱着她来给自己看的那个下午……

——《小别离》

　　她让自己闭一会儿眼睛，那片海水就涌到了面前，泪水也禁不住夺眶而出。她终于有一种从漩涡里浮出水面，透出一口气的感觉。她的生命力仿佛骤然蓬勃起来。

——《小舍得》

天下几乎没有父母不认为自己深深地爱着孩子。

泰戈尔说："把一切交给爱吧。"可那是什么样的爱呢？

父母的爱是特别的。它不能盲目，要有一双看清是非的慧眼；也不能自私，要有一颗给人自由的诗心。还要有与伴侣和孩子之间的一份"懂得"，要有对于育人这件事的一点悟性和耐心：育儿，当如春风催动花事。

我们要培养人格健全、能为一生幸福奠基的孩子，我们不能让教育成为一个摧残人、伤害人的痛苦过程。

我们要真正瞩意于培养具有创新能力并且学会独立思考的人，不能把一些充满灵动想象力的孩子，改造成仅仅满足自身期望（主要是升学）的样子。

我们要从终身发展的视野，从整个人生的立场去看待教育的意义，不要过度迁就一些即时的、短暂功利性的需求，把一些不必要的负荷加诸孩子头上，让他们在沉重的课业和心理压力下喘不过气，却漠视和遗忘了一个人的长远发展和生命的本真需求。

我们要把握好"面向未来"与"现在幸福"之间的平衡，要努力在"可行"与"可能"的缝隙里寻找一缕通透的阳光，帮孩子找到一条属于自己的出路。

我们要让育人散发出生命的气息，要把"教育即生长""教育即唤醒"理念当成自己的贴身之物。

我们要想象这样的一个图景：当我们与孩子走到远方终将分离的路口，挥手告别时，可以欣慰地发现，原来彼此都还认得最初的模样。

爱，是一个生命承诺另一个生命的决心。

然而，很多人没有意识到，自以为是的"爱"，比没有爱还要糟。

身为成人的家长不成熟的"爱"，有可能把所谓的亲子之爱变成一重重捆绑的绳索。《小痛爱》《小舍得》《小欢喜》《小别离》这四部小说中的父母，都有他们可敬可爱的一面，但多多少少也有其不自知的缺陷。

爱是一种能力。我极其喜爱的杰出心理学大师弗洛姆在《爱的艺术》一书中说，爱主要是给予而不是接受，因为给予是潜力的最高表现，正是在给予的行为中，一个人才能体会到自己的强大、富有、能干，这种增强了生命力和潜力的体验使人备感快乐。可是我们很多人，哪怕是早已经有了孩子的成人，拥有的却只是一种"童稚的爱""不成熟的爱"："他们是永远期待着的人，是抱着希望的人——却又是永远失望的人。"①

没错，我们表面上是在"给予"，给孩子提供好吃的、好玩的，花钱为他们报各种各样的培训班，花时间陪他们做功课到深更半夜，诸如此类，但我们的重心却是落在"索取"上的。我们从来没有这么渴望孩子在学业表现上给自己的付出以回报，如果回报不理想，如果孩子没有成为我们期望中的"别人家的孩子"，我们就会失望、暴怒。对父母来说，这样的"爱"其实质是一种控制；对孩子来说，这样的"爱"反而构成了一种负担。

我们总是给"望子成龙"的心理赋予很高的正当性，可是凭什么呢？如果孩子没法成为一条腾云驾雾的蛟龙，就做一个人格健全的普通人不行吗？我们在对孩子的表现失望之时还很喜欢咬牙切齿地说"恨铁不成钢""烂泥扶不上墙"，可事实就是并非所有的铁都能炼成钢，并非所有的泥都能扶上墙，如果不从孩子实际的兴趣点和能力值出发，只是一味地苛求他们

① 弗洛姆《爱的艺术》，广西师范大学出版社，2002年出版，第72页。

去做自己不想做、做不到的事，那么除了让亲子关系变得恶劣，让父母和孩子一同经受挫折感、失败感的折磨外，不会有任何收获。

今天很多70后、80后父母之所以固执地、不惜血本地要让孩子上名校、读民办，逼着他们熬夜做题，赶着他们拼命补习，除了出于一种随大流的跟风心理，出于一种对未来不确定的集体无意识焦虑之外，恐怕多少还有一种"复制"心理和"补偿"心理在起作用。

"复制"心理：我自己当年就是通过苦读，通过一遍遍刷题，终于在残酷的竞争中考上大学，从而改变了自己的命运。灌输怎么啦？填鸭怎么啦？应试怎么啦？人生就是由一道道关卡构成的，过不了关，不可能有幸福。只要今天整体上的应试环境不变，你就得给我死磕！

"补偿"心理：我小时候没条件好好上学，上学的时候也没有好好念书，结果一事无成，老大徒伤悲啊。你得给我好好念书，培训班咬着牙也得上，读书升学，是我们改变命运的唯一机会呀。

记得《小舍得》里，欢欢的外婆心疼埋头"死磕"的外孙女，对南丽略有微词："小鸭子填食都没这么填的。"当年的女儿现在的妈妈南丽说："现在她不这样，就怕到她那个时候，还混不到我这样呢。"意思是：现在别人没在玩，欢欢在玩，她后面可能连平淡都难。

还有《小欢喜》中，那个现在挺有钱的妈妈宋倩，买了几套房，辞职做家教，她说："我受过教育的恩泽，所以最知道'教育概念'意味着什么……我的经济基础都与'教育'有关。"

这也是她们玩命拼教育的心理动因。

龙应台的儿子安德烈有一回跟他妈妈说："妈，你要清楚接受一个事实，就是，你有一个极其平庸的儿子。"他说自己可能会变成一个很普通的人，有普通的学历和职业，不太有钱也不太有名，"一个最最平庸的人"。龙应台的回答是："对我最重要的，安德烈，不是你是否有成就，而是你是否快乐。"而能否快乐，取决于儿子所从事的工作——

第一，它是否给你意义。

第二，它是否给你时间。

她认可，孩子没有理由跟上一代比，或者为了符合上一代对其的想象而活。她并没有太多苛求。

一般说来，事业极其成功的优秀的父母较少因为孩子不像自己或不如自己而感到尖锐的痛苦，他们能把许多家长梦寐以求的那种"成功"看破，"不畏浮云遮望眼"，他们能够凭借自己丰富的阅历、开阔的视野、健全的价值观、较强的反思能力，不盲目"望子成龙"，不把"育儿（女）"这件事弄得那么拧巴，而是会用一种沉淀下来的睿智，更为理性也更为开放地来看待一个人的成长。

黄磊在写给女儿的信中说："相信爸爸，你们即使一事无成也不必难过，没有世俗认同的成就的人是多数，你们不必成为少数，平凡最好。"

黄菡也在信中对女儿说："我和你都不属于特别聪颖的人，幸好！那就让我们慢慢来……需要耐心，不是等待成功，是习惯平淡。"

白岩松也毫无迟疑地叮嘱儿子"不争第一"："人生不是竞技，不必把撞线当成最大的光荣……何必把争来的第一当成生命的奖杯！我们每一个人，只不过在和自己赛跑，在那条长长的人生路上，追求更好强过追求最好。"[1]

---

[1] 张泉灵等著：《成长，请带上这封信》，人民文学出版社，2014年出版。

恰恰是自身正处在平庸与优秀临界点上的父母，反而会因为孩子的不够优秀而抓狂。或者说，我们恰恰因为自己不成功的事业，才更偏执地把自己的意愿和梦想投射到孩子身上。

事实上，孩子或许已经比我们要出色了，只是我们要求太多，所以永远不满足，"永远失望"。

而我们因为自以为付出太多，投入太多，所以也就想当然地认为拥有在许多方面支配孩子的权利。比如《小欢喜》里妈妈朱曼玉坚决反对儿子冯一凡转科（从理科转文科），她那股偏执的劲头令人生畏。她为什么会这么习惯勉强孩子？她凭什么这么理直气壮？

太多的家长，自己生了病，却强迫孩子去吃药。

《三体》里面有个情节是这样的——当执剑人程心放弃威慑，地球陷入绝望和混乱之时，来自三体的智子对痛苦自责中的程心说了这么一句话："地球七十亿人当中，只有你一个是无辜的。"这话给了我极大的震撼。

被选择和被决定的人是无辜的，就像那些总是被父母选择和决定的可怜的孩子。想想，孩子的天智是遗传自父母的，他学习不好其实应该怪自己，不是吗？如果他的学习成绩跟学习态度、习惯有关，那么他不好的态度和习惯很有可能也是家长养成的，父母首先应该反思的是他的态度、习惯为何不好。如果孩子在日常行为方面也让人头疼，家长可曾想过，或许恰恰是自己太多无意识的言行、与家人的相处方式、营造的家庭氛围、看待世界对待他人的情感等方面存在欠缺，才是孩子各方面表现不佳的前因。

一个作为"表象"的孩子是身为父母者"意志"投射的结果，是父母一切行为总和的产物。如果你意识到自己满身缺憾，又怎能要求孩子完美无缺？

用一个生命承诺另一个生命，相信父母在养育孩子的最初是有这样的决心的，但是当走上一条教育的荆棘路以后，这样的决心和初心都被扭曲了。这个被"抛"到世界上的生命，开始承受来自父母越来越多的各种各样错误的后果，要来赎还我们在他一路成长的途中制造的或大或小的罪过。

人们习惯于认为，父母对孩子的爱是无条件的。其实，就教育对象而言，爱是没有条件的；但就教育方法而言，爱的施予是有条件的，"在有条件的情境下施予爱，才能让孩子们学习到，在什么情境下应该表现什么样的行为，如此方可获得他所需求的爱的满足"。但张春兴特别强调，这施予爱的条件，"必须以孩子能力所及与能够自主表现的行为做基础"。①

了解孩子的需求和兴趣，懂得孩子的长项和短板，认识到他的"能力所及"和"力不能及"，感知其可能性的边界，探触其潜力的最底部和最高值，悦纳孩子作为一个生命个体的全部优势和欠缺，然后提出合乎情理的"爱的条件"，让孩子通过自己的努力尽可能地做到最好，家长并适时地予以肯定和鼓励，从而令其感受成功，体验到"爱的真实与价值"。

我一直说："接纳比赏识更重要。"对孩子无条件的爱首先体现在对他这独一无二的生命个体无条件的接纳上，在此基础上，父母再根据其表现给予有条件的赏识，以激发其兴趣，发展其潜能，实现其价值。

什么才是对孩子最适当的爱和管教？用张春兴教授的观点来说就是：

一、对孩子的要求是他做得到的。

二、对孩子的关爱是他所需求的。

三、对孩子的奖惩是他所理解的。

这三条原则，值得每一位身为父母者细细咂摸。

_____

① 张春兴：《教育心理学》，浙江教育出版社，1998年出版，第158页。

我有位朋友的小孩子挺有才气，自己写了一首歌，歌名是《昙花》，里面有句词是这样的："如果能够借我一天笑容，我也可以让你感动。"其实孩子的要求是谦卑的，有限的。

　　我们应该给孩子持续的笑容，足够多的宽容，而不应该吝啬到只像那昙花一现。只要你懂得欣赏，生命本身自带美感。

　　家长当然要有更多的反思，尤其在夜深人静的时候。孟子谓人当存养"夜气"，即指要把握住在虚静中产生的良知善念。白天的喧嚣停息了，各种欲念的纷扰也暂时告退，一灯荧然，清寒澄澈，这其实是一个人内心最软弱也最纯粹的时刻，而恰恰在这样软弱而纯粹的时刻，挺在前面的不再是一时一地的得失、一毫一厘的计较，涌上心头的反而是一些关于人生的本质性的思考。

　　于是，初心炯露。就像《小别离》中，夜深后走进主卧静看女儿睡态的海萍，一瞬间涌上心头的无限柔情……

　　人与人之间的爱，也许并不是一开始就有的，最初有的只是喜欢，只是需要。你离不开一个人，舍不得一个人，很可能是因为你曾经给过，而不是曾经得到过。爱是给予——不仅仅是因为爱，所以给予，更是因为给予，所以爱。《小王子》中，狐狸对小王子说："正是你为你的玫瑰花费的时光，才使你的玫瑰变得如此重要。"

为人父母者，无论你面对的是怎样的孩子，在对他感到失望乃至绝望的边缘，在你几乎被烦累和焦虑搞得精疲力竭甚至了无生趣时，一定要让自己的心柔软起来，并珍惜每一个感动的小小瞬间——

请你翻开孩子小时候的相册，从他刚出生时的样子，一直看到他幼儿园毕业照，看到他长成了一个少年或少女，看看他还没有被学业负担折磨的表情。

请你在他睡觉时看看他甜美舒展的面孔，就像他还是个婴儿的时候，你曾无数次在深夜柔情注视过他一样。

请你跟孩子好好地聊聊天，听到他嘴里说出话，要像对待成人一样对待他，同时又要像他当年刚牙牙学语时，你的脸上能绽出欣喜的微笑。

请你试着给孩子写一封信，在宁静的氛围和心境里，用平缓的诉说去激励孩子、安抚孩子，赋予他成长过程中的安全感，让他确认自己拥有不打半点折扣的真正的家人之爱。在书写的过程中，你自己也会获得蜕变。

请你，试着跟孩子拥抱一下，就像从小到大，你无数次深情地拥抱过他一样，即使他抗拒，也请牢牢抱住，因为在生命中你们需要一次又一次这样的和解。

请你，在他表现不佳的时候，在你品尝着比他可能还要强烈的受挫感时，在你几乎要出离愤怒的时候，学着对他说爸爸妈妈始终爱你！因为这是他最需要你的时候。

我一直说，面对孩子种种值得赞赏的表现时的爱，谁不会给予？陌生人都会。而只有在这个孩子许多方面（包括学业）表现不佳时，他自己也在经受着煎熬时，仍然给予温暖的微笑、宽慰和帮助，这个时候的"爱"，才是来自父母的，唯一有价值，永远不可被取代也不容剥夺的真爱。

我说过，来自父母的爱，孩子未必会知道。日复一日的生活中没有表演，没有回放，没有上帝视角，没有最终水落石出的证明。最柔情的注视，多发生在孩子睡着的时候。最深刻的眷爱，就是让人几乎感受不到它的存在。

但，还是要让他们感受到——爱在你的言语里，在你的目光里，在你克制住颤抖的声音和身影里，在你装作并不在乎的故作坚强里。

只要有这样的爱在，或许他的一时会有困难，但他的一生一定不会让你失望。

　　只要有这样的爱在，你们真的可以相伴着同行那么几十年，这其实就是幸福。

成为孩子心里"70亿人中的唯一"

李良生在校门口大声责骂女儿伊伊，让她丢脸。她想摆脱他，"像在摆脱一个让她心烦意乱的影子"。一通责骂，一通顶嘴，他头脑充血，说："这小孩我不要了，随她去。"

伊伊不想回家做作业了，即使李良生保证不再骂她了，也坚决地说"不"。她的漠然、犯倔，明显隐含着伤心。她说，我不回去，是你说你不要我了。她还说她感到"很恶心"。有一股倔气好似在伊伊的头顶升腾，在灯下弥漫。

有那么一瞬间，李良生真像面对了一个刀枪不入的橡皮小孩，怎么劝她都不再有用。

——《小痛爱》

小女孩朵儿突然坐起来，对妈妈说，妈妈我明天不想去上学了，可不可以？

　　海萍抱住她的小肩膀，把自己的脸贴在这小脸膛上，她再一次感觉到自己的女儿其实还很小，她心里有空旷的疼痛。她说，好的，明天我们不去上学了。

　　海萍大声说，请假，说病了，我答应的。

　　后来海萍对单位的同事们说，如果遇到这种情况，一定要答应，没理由地答应，因为要让小孩子知道家是可以退的地方。

——《小别离》

　　你的儿女，其实不是你的儿女。

　　他们是对生命自由的渴望而诞生的孩子。

　　他借助你们来到这个世界，

　　但却非因你而来。

　　他就在你的身边，

　　却并不属于你。

——电视剧《小别离》，朵朵爷爷朗诵了纪伯伦的这首诗

　　所有陷身于什么"幼升小"、"小升初"、中考、高考的厮杀之路上的父母，好像很容易对自己曾经视为宝贝的孩子产生嫌弃之心。尤其是在陪读的过程中，我们经常会忍不住破口

大骂甚至产生想要动手的冲动。说来好笑，我们都活到这么大了，盘点一下自己拥有的学业能力，很多人大概也只剩下小学（甚至还是低年级）的那点库存了。可是在教训起孩子来时，俨然一副超级权威的样子，仅仅因为——"爸爸想要你好！"

《小痛爱》中伊伊父亲李良生在陪女儿做作业时经历了"陪读血泪史"。大人看着小孩写作业时的磨蹭劲，心里受到一百点暴击；小孩看着大人那发作的脸色，心里生出一百种委屈。彼此间的情绪对抗到了奇葩的地步。"他觉得她笨，她还觉得他笨呢。"他们互相嫌弃，都觉得自己委屈得很。女儿把自己变成了"橡皮小孩"，为什么？她是在保护自己。鲁引弓敏锐地捕捉住了孩子的心理机制：她的身体启动了一种"自我保护本能"。

父母发狂似的大吼大叫，恨不得能"杀人"的嫌弃眼神，都在磨灭孩子生活的意欲。也就是说，父母越是用言语和身体语言去打击孩子，孩子就越缺乏努力的动能。他有可能会用沉默来对抗，用发呆来逃离——你在旁边滔滔不绝地倾泻着自己的不满，他却好似充耳不闻。出于对自我的保护，他好像戴上一个"整流罩"与外界暂时隔绝开来，感觉不再敏感，对于强刺激（包括语言暴力和身体击打）不一定做出充分反应，整个人呈现出一种漠然的、疏离的、呆滞的状态，他甚至还会用没心没肺的笑来回应你的愤怒——当然，这样的反应只会加倍激怒你而已。你骂得越刺耳，他就越把自己包裹起来。这时候家长如果还觉得自己是在施行教育，那未免太可笑。

"橡皮人"真的让人心疼。哲学家加缪说过，身体是先于思想的。他自己或许并没有意识到，因为不想让自己赤裸裸地经受被语言鞭打的尖锐疼痛，不想让一个孩子的骄傲被无情地撕碎，不想让正在生长的自尊心被鲜血淋漓地踩到尘埃里，所以他身体感知的锐度自动降低了，面对攻击和压力，他像个刺猬缩成了一团。——话既然太刺耳，那我不如做个聋子；心既然会痛，那还不如没有心吧。

我们已经注意到了，父母与孩子之间所有的嫌弃，都是双向的。心理学者李子勋指出，孩子有一种情绪上的"镜像作用"，越关心谁，喜欢谁，心性脾气就越像谁。有位母亲觉得孩子有时懂事，"可一旦发起狠来，都有掐死你的心"。[1]

---

[1]　李子勋：《陪孩子长大》，中国广播电视出版社，2006年出版，第55页。

李子勋说，这位母亲觉察到的孩子身上的东西，也是她自己的。当为人父母者感叹：我前世做了什么孽呀，今世要来面对这么一个不上进、不懂事的孩子？孩子的内心也在发出悲鸣。

我们不妨来听听他们沉默的意识流：

我究竟怎么啦？如果我笨，你们不高兴，归结为是我自己笨；如果我聪明，你们很开心，以为是自己生的聪明；如果我缺乏动力丧失兴趣，你们总觉得是对我鞭打得不够，却没想到正是你们的鞭子让我感觉自己活得像一只麻木的驯兽……

你们还讲不讲理？如果我真的学习方面不如别人，能不能也慢慢习惯慢慢接受，而不是永远拿"别人家的孩子"来打击我？不要死命地打击我碾压我。碾压我时很有快感是吗？其实我知道并没有，你们只是借助对我的驱迫、控制、讽刺、责骂、嫌弃甚至身体暴力，来释放你们自己的压力，来缓解你们自己的焦虑，来表达对你们自己无能的痛苦。你们愤怒，但有没有想过我不但比你们更愤怒，还有比你们强一百倍的郁闷？我只是说不出来！因为我连一个迁怒的人都没有，因为我只能怪自己对吗？你们还要我感恩？还要我感念你们给的所谓爱？那好吧，我想感恩但找不到办法，我想偿还却无力偿还，那该怎么办？

当然孩子并没有足够的能力来与我们争辩，一方面是说不清楚，一方面是没有表达的机会，再说，勇气也不够，中国的小孩骨子里还是害怕家长的权威的。也许只剩下"逃离"一途。逃离的具体表现可能是：沉默、自我封闭、习惯性走神和发呆、痴迷玄幻小说、沉迷网络游戏、旷课、逃学、装病、弃考、离家出走……

《小欢喜》中季扬扬这个人物，虽出身官员之家，一开始驾着红色法拉利跑车高调出场，但他内心却有着难以言说的自卑感。他是个"骄纵的学渣"，但并不惹人反感。他喜欢篮球、唱歌，但学业不佳，父母却强行把他安排在学霸成群的学校里，他说："在这里培养不了我的意志，只会挫伤我的意志，在这里，我只是学渣，没有自尊，会打球、唱歌算不到我的分数上，所以不想学了。"

如果孩子真的在学校里体验不到成功的滋味，而在本该作为身心最后栖息地的家庭里也丝毫感受不到亲情的温暖和生命的乐趣，那他们就可能会往更极端的方向上走。这不是危言耸听。

《红楼梦》里的元春是个很明白的人，她大观园省亲那次直觉到了贾母和父亲对贾宝玉的教育方式存在问题，一则娇纵，一则严酷，就像在两头打摆子。所以她委婉地告诉父母，对宝玉："不严不能成器，过严恐生不虞。"

　　在"不严"与"过严"之间应该是教育的常态，我们需要给孩子一个可以承受适度压力的合理区间，让他们的心灵从稚嫩慢慢走向坚韧。可能很多人都是这样，包括我自己，在谈论发生在别人身上的事情、谈论已经酿成恶果的事情时，各种道理都能说得头头是道，这个"不对"、那个"不应该"。但缺乏的是一颗体贴之心，很少会试问一下，在自己的人生经验中，有没有某一个时刻，也会感受到某种几乎无法承受的巨大心理压力，甚至产生"天塌下来了"的错觉。

　　多年以前，因为一个无心之失（把身份证借给别人），我平生唯一一次被叫到学校保卫处。那位保卫处干部借题发挥，对我大加批评和威吓。批评完了，我问："该不会有处分吧？"那位干部眼睛一瞪："不会处分？你想得太简单了！我告诉你，处分是一定有的，最起码严重警告！而且还要通知你父母！"当时我的心情极度郁闷。我至今还清晰地记得，那个在大学里度过的第一个冬天，下起了纷纷扬扬的大雪。我独自站在五楼窗前，看着校园里众人在尽情嬉闹，却感觉了无生趣，感觉这样欢乐的场景从此与我无关了，且非常奇怪怎么每个人都会那么欢天喜地。我有一些莫名其妙的意识："我跟别人不一样了！""我的父母还要因我的错误而丢脸！他们本来是多么为我骄傲啊！"诸如此类。后来当然什么事也没有，但是看看，人是多么脆弱，一个"处分"的威胁就可以把我的内心搅得乱云飞渡。而那时候，我已经是大学一年级新生了。

与其说是因为挫折或过错本身，不如说是因为害怕挫折和过错引起父母嫌弃、同学鄙视，这样的心理压力或预期，更让孩子心生"逃离"之念。有些感觉，不置身其中可能是无法体会的。在某一个时刻，人的念头会走进死胡同，越来越偏执，越来越不可回头，一件小事的严重程度会被无限放大，屏蔽了感受生活中一切乐趣的可能性，觉得希望被冻结，生路被封锁，以至于做出永远无法挽回的傻事：天真的塌下来了。

心灵是需要体贴的。所谓"体贴"就是设身处地把握他人的心境，就是充分意识到特定境遇下人的心理的脆弱性。不知你是否有这样的体验？乘坐火车穿越隧道时，车厢里的气氛就显得格外沉闷，大家情绪都比较低落。人生中必定会有一些时刻，需要穿过幽暗的隧道。在隧道中的感觉总是压抑、逼仄、焦灼，甚至会产生无法克服的恐惧感和窒息感。有的隧道如此漫长，以至于置身黑暗中的我们忍不住会怀疑，洞口那片久候不至的亮光是不是永远不会出现。当终于穿越了隧道，眼前豁然开朗，深深地吸一口气，心境才顿时明亮起来。

喜剧电影《三个傻瓜》（《三傻大闹宝莱坞》）中，校长死活要为难一个因各种原因还没完成毕业设计的学生乔伊·洛博，那学生伤心之下弹着吉他唱了一首歌：

我的这一生

都为别人活着

哪怕只有一瞬间

让我为自己而活

给我点阳光

给我点雨露

再给我一次机会

让我重新生长

喜剧里面的悲剧是，当兰彻帮着完成了乔伊的那个设计作品（无人机摄像装置），并且让它飞到乔伊宿舍窗口时，看到的是他已经上吊自杀，墙上还写着"I QUIT"。

我退出。我放弃。我不干了。我不玩了。

他来不及看到隧道尽头的那一缕亮光。

有时候，犯傻，只需要一念，一秒。

许多人有误解，以为孩子自杀就像一些影视桥段里演的那样会左思右想徘徊半天，不然，他们有时候只要那一秒钟的冲动。贾樟柯电影《天注定》中，那个少年突然翻过护栏跳楼时，没有一丝犹豫。

米兰·昆德拉思考过这个问题："死，决定去死；这对一个少年来说要比对一个大人容易得多。什么？死亡将要夺去的少年的未来不是更远大吗？确实是的，但是，对于一个少年，未来是一种遥不可及、抽象虚幻的东西，他并不真正相信。"是的，未来之于他们是一种抽象的"美好"，并没有与他们现在的生存状态紧密地交织在一起，那种未来是可以被轻易地剥离开来的。

他们不像成人，会认为今天的痛苦可以换来明天的快乐。对他们来说，今天不快乐，而且让人看不到希望，未来就只能是一个空茫的"未来"，与他们无关。

不久前的那条新闻引起过很大关注，一个10岁女孩，留下遗书和告别视频，说："你们打我骂我，但是我知道一切都是对我好的，我真想在天堂照顾你们一辈子。"还说："记住我的样子了吗，我的样子很漂亮的。"然后在家服农药自杀了。这新闻让人感到撕心裂肺，不知道看哭了中国多少为人父母者！

前几天又发生了一个悲剧。有个15岁的男孩子跳楼自杀了，据说他成绩还不错，但他在QQ上留下这样的话："我给这个世界带来了不少欢笑，但无法给自己带来欢乐，我想离开这个世界，在我逝去以后，不要有人为我哭泣，希望你们能继续欢乐地走下去，像什么都没发生过一样。"怎么可能像什么都没发生过呢？这孩子自杀的"头七"，他父亲也跳楼身亡。

这样的事件太多，一个字都不忍再复述了。

我一直觉得鲁引弓小说里对于教育给许多人生活和生命带来的畸异感和杀伤力的描写，还是偏于温和的。比如，颜子悠突然爆发的"quit"，不过是跑出考场而已。这已经是他小说中最激烈的情绪表现了。

虽然一些悲剧的发生是小概率事件，但必须得承认，今天的教育生活有着粗粝的棱角，有着令人生畏甚至面目狰狞的

"生命不能承受之重"。它会把孩子生命的天花板压低，会让他们产生窒息感。

这也是我为什么会一次次强调，当孩子在应试教育的这个心理高压场，在"穿越生命中的湍流区"也就是其少年时光时，成人世界要保持高度的警觉。

我欣赏名师王崧舟说的"教育要有一颗悲悯之心"。我也不惮于被人奉为教育中的"柔软派"。我深信不疑，为人父母者，面对孩子，一定要有柔软的时刻。

一定要对生命有一种全面的理解，带着一份同情心、同理心看待它。生命有坚强的一面，也有脆弱的一面；有赏心悦目的优美，也有无法回避的人性弱点。

一定要让孩子感觉自己是得到珍视的。正如李子勋所说，一个不珍爱自己的人绝不会去珍爱别人，一个不认为自己重要的人也不会认为其他的生命很重要。

一定要有让孩子把自己全部的不满和愤怒都表达出来的时刻。而不是只知道压制，只知道控制，只知道说这也不行、那也不可以。

一定要让孩子懂得表达，而当他们在表达时，你一定要学会倾听。即使他说得再过分，你也不要轻易打断、插嘴，不要试图用高分贝或家长权威去消声、去喝止、去压服。否则，当发现你们从来没有认真对待，沟通总是无效，甚至还造成反作用、带来更加严苛的管教时，孩子可能再也不想跟你说什么了。

身为父母者，我们都很容易沉浸在自己的世界里，都忠诚于或者说固执于自己的意愿、自己的诉求，却没有真的想听从孩子的心声。如果他们不想说，不是无话可说，而是他们不想说了。当他们什么都不想说的时候，一定要警惕，因为少年之心特别容易自我渲染一种悲情——

"谁也不把我当回事儿！"

"反正你们不会听我的！"

"我就是你们的麻烦！"

"这个世界对我有着满满的恶意！"

……

在沉默中这份带着虚拟和夸张的悲情会不断发酵，直至危险地滑向彻底的自我否定。"那好吧，我不会再成为你们的麻烦，不会再让你们为我操心……我不想玩了，I quit!"

有位特级教师跟我谈起她的育儿心得，她说儿子的成绩倒也是一般，但她却很为儿子骄傲，为什么？"因为他遇到什么事都会跟我说，尤其是遇到挫折的时候会跟我交流，这就很好，说明我这个妈妈当得成功！他相信我，知道我会听他、懂他、理解他，帮他克服一个又一个困难，度过一个又一个人生中或大或小的'劫'，这就足矣！无论他的成绩好坏，也无论他以后的成就如何，我都感到欣慰。"

我听过漫画家蔡志忠的一个演讲。他说："每个小孩都是箭，父母是弓，弓的责任就是把箭射到它要去的地方。……所以，我从小就告诉她，你无论做了什么事要我处理，请第一时间告诉我，我一定是全球70亿人中最乐意帮助你的人。"蔡志忠所引的"箭与弓"的比喻，正是来自黎巴嫩诗人纪伯伦："你是弓，儿女是从你那里射出的箭。弓箭手望着未来之路上的箭靶，他用尽力气将你拉开，使他的箭射得又快又远……"

所以，在朵儿那天晚上不堪忍受学业压力，向妈妈提出第二天不去上学的请求时，妈妈答应了。我知道无数的父母是不会答应的，他们会把朵儿的请求视为软弱、退缩，不想扛压力，是懒人思维，是自我放弃，如果答应了孩子就会习惯性地躲避，当逃兵……无论如何得把孩子"顶"上去，苦口婆心也好，疾言厉色也好，总之，孩子得学会"直面惨淡的人生"……道理本身是都不会错的，但重要的情境。天底下没有谁比妈妈更清楚朵儿的性格（她其实挺要强的，父母催她去睡觉还不肯，"我要做完"），天底下也没有谁比妈妈更清楚朵儿当时承受的心理压力，答应还是不答应，这个决定天底下只有妈妈才能做。妈妈自有分寸。人不是机器，只是血肉之躯，有着幽暗的心理深潭，要照拂到那深潭里起的波澜。人生不是战场，哪怕是战场，也没有只进不退的道理。今晚小小的撤步，是给孩子腾挪出一个喘口气的角落。只要有这一天的缓冲，她就会充好电，重新出发。这不是宠溺，不是什么"不舍得"，不是所谓"爱是害"，而是，懂得。

如果这是软弱，请给她这一晚的软弱。

如果这是自私，请给她这一寸的自私。

因为，"要让小孩子知道家是可以退的地方"。

努力让自己成为孩子无论在何种境遇里，都是最愿意交谈和求助的那个"70亿人中的唯一"，而不是相反，像《小痛爱》里李良生那样说着气话："这孩子我不要了！"

我想说，任何一个成长起来的人，回望自己的人生时都会发现，在心智缓慢成长的每一个纷乱"现场"、每一条幽暗"隧道"，总是交织着太多的紧张、茫然、谵妄甚至绝望。一些小小的挫折都曾烤灼过我们的内心。然而，有许多事情，当初是多么珍视，多么在意，充满了担忧和惶恐，焦虑和不安，可一旦逃离了"现场"，回眸时却只不过付之轻轻地一笑。——而这样的"付之一笑"，是要在长大以后，回头的时候，才会有。朵儿她们还太小，她们分分秒秒正置身于那个有着万伏心理高压的现场。

身为家长的我们，要懂得。

孩子慢慢地成长，正如我们慢慢地衰老；唯愿同行的过程中，有足够多的美好。

人生路上，每个父母都是新手

天下的爱基本上是以"聚合"为目的，只有父母的爱是以"分离"为目的，放孩子远走，只要他们过得好。

——《小别离》

如果我连现在的开心都无法保证，谁又能保证我未来的开心？未来与现在得有一个比例，我不想为了未来放弃现在。

——《小欢喜》

孩子往往是哭着来到这个世界的。而很多初为人父母者，当第一次面对那么一个如花般的生命时，也哭了。也许是因为激动，感到自己的人生从此圆满了，这当然是一种非常美好的人生体验。

但是在随后的日子里，父母们很快就意识到自己身上沉甸甸的责任了。我们觉得自己的个人空间大幅压缩，自由变得越来越奢侈。很多时候不免感叹："孩子真的并不属于我们，倒是我们属于孩子！"因为从孩子一出生，我们生活的状态和生命的形态就变了，变得忙碌，变得局促，变得容易焦虑。

我们变成了一种叫"家长"的人。

不是所有升格为父母的人都能自动当一名合格的家长。然而，"合格"与否，与家庭的经济实力、社会地位、资源优势无关，也与父亲或母亲的智力、学历水平无关，首要的是为人父母者是否具备一种著名教育家苏霍姆林斯基所说的"道德准备"。他说："什么是为人父母的道德准备呢？责任感，责任感，再说一遍，还是责任感！"[①]他还真是把重要的话说了三遍。对于这份责任感，家长其实是不该有任何抱怨的，不应该把它看成是一种想要摆脱的负累，一种心生焦虑的来源，相反，应该视之为一个梦寐以求的机会，一个能造就和成全孩子同时又完善自己的挑战。

因为孩子，我们的世界不是更小了而是更大了，我们的认

① 苏霍姆林斯基：《给父母的建议》，长江文艺出版社，2017年出版，第10页。

知不是更浅了而是更深了，我们更真切地体察他人，更真实地反观自己，更真诚地领会生命的丰富与立体。

比如，懂得什么是"小痛爱"。孩子的生命与我们的是紧紧缠绕在一起的，对孩子的爱当然有欣悦，但也常常伴随着深沉的痛感，尤其是当我们身为成人面对着许多"不得不"的选择时，当我们被困在不尴不尬的境遇里（比如离婚）却伤害到了无辜的孩子时。"哪怕同一屋檐下的曲子已经奏尽，这一生还有绵延不绝的尾音需要接听。"（《小痛爱》）

懂得什么是"小舍得"。为了通过孩子的教育，去跨越阶层的篱笆，攀登所谓精英的阶梯，追逐一份其实得不到担保的未来幸福，我们几乎是被裹挟着在舍与得之间做出权衡。那点可怜的计算或算计，那种卑微的瞻前顾后和患得患失，让我们的生活变得五味杂陈。

懂得什么是"小欢喜"。少年们渐渐长大，他们不再依恋父母，"自我"伸出了触角，去感知并且穿越生命中的湍流区。乔英子对妈妈说："小鸟长大了，也要离开家，你不可能陪我一辈子，你永远盯着、关着、跟着我，其代价是我的生存能力被降低，没了成长……所以，你不解除对我的依恋，我得先给你解除，妈妈，你照顾好你自己。"（《小欢喜》）

懂得什么是"小别离"。分别从出生的那一刻就已经开始，成长就意味着我们与孩子之间的身体距离和心理距离，一天天变得显豁，从抱着长大，到牵着学步，到陪着游戏，到看着孩子的身影消失在学校大门的后面，消失在看也看不着的更远的远方……我们"目送"着孩子走远，就像弓把箭射到箭想去的地方，使命也便宣告终结。

我们每个人都会把自己以前甚至未被意识到的一些层面和维度都展现出来，"爱"开始呈现出一种无限的纵深感，而"恶"的面目也不期然露出了尾巴——比如，以前从没想到自己竟然这么依赖他人，竟然这么缺乏耐心，竟然这么不懂克制，竟然这么把握不好坚持与妥协的分寸……

一个貌似悖谬的事实就是，为人父母者通过自己的孩子，既认识到了自己的力量和几乎无底的责任感，又有些沮丧地发现自己其实不够完善、不够可靠、不够智慧，内心里藏着的"小魔鬼"经常会跃跃欲试窜出来。

也正是在这个意义上，苏霍姆林斯基说，在你把巨大的责任感放在自己肩上以后，"你看孩子的每一个瞬间，你也在看你自己；你教育孩子，你也在教育你自己，在检验自己的人格"。[1]

我们发现，如果不是有意识地加以学习和反省，如果从未自觉到身上对另一个生命承担的责任，只是放纵自己本能和天性的随意发挥，那么，一个成年人人格修养和心智模式上的缺点，以及其导致的后果，在教养孩子的问题上，都会以倍数级放大！身为父亲母亲，原本只是有点自我的，或许会变得极端自私；原来习惯宠溺撒娇的，可能会变成动辄撒泼；原先性格略嫌暴躁的，恐怕会变得非常暴力！

但还有另一种情况，那就是"妇人弱也，而为母则强"，这也是事实。其实，在教育问题上，"柔弱""柔软"恰恰有很大的施展空间，倒是"一味霸悍"和"自以为是"与教育本旨背道而驰。教育之事，更青睐"暖男"，而不是"虎妈"。为人父母后，"弱"的很容易变"强"，因为孩子就是父母最后的底线，但"强""硬"的却很难变"弱""柔"——需要加倍地修炼才行。

正所谓"放肆"容易"克制"难，而克制才是爱。懂得克制，懂得自省，懂得反思，懂得妥协，懂得进退，父亲温润如

---

① 苏霍姆林斯基：《给父母的建议》，长江文艺出版社，2017年出版，第11页。

玉，母亲通情达理，才会有好的家庭教育。

《小别离》中朵朵的妈妈，《小欢喜》中季扬扬的妈妈（当然还有他那位当官的爸爸）、冯一凡的妈妈，《小痛爱》中牛牛和伊伊的妈妈，都是那种过于强势的人，然而刚强易折，她们还没明白柔弱胜刚强的道理。

记得《小别离》中，朵朵的妈妈说过一句话：人生路上，我们都是新手。没错，是新手。所以，教育心理学家提出了"亲职教育"这个概念。亲职教育是从家庭教育演变而来的，二者区别何在？家庭教育是指家长怎样教育小孩，而亲职教育则是父母自己为了承担好家长的职责而接受的自我教育。因为，如果父母自身没有做好准备，那么所施行的家庭教育很可能是糟糕的。

有的学校为此还制订了一整套的家长上岗培训方案，推出了一系列的家长培训课程。这所小学推出的家长上岗培训方案非常完备而且科学合理，忍不住抄录下来与大家分享。

必修课：亲子陪伴课、亲子阅读课、孩子的健康课、亲子沟通课、学习方法指导课、家校沟通课等等。

选修课：隔代教养课、亲子旅行课、单亲及二孩家庭的教育课、艺术教育课、财商教育课、模范家长育儿智慧分享课等等。

家长除了要上课，还要参加一些实践项目。

每日必修：

亲子阅读——美妙的阅读时光值得每天拥有。每天抽出半小时，和孩子共读喜欢的书，分享读书妙趣。

共进晚餐——一家人一起共进晚餐，完整、幸福、温馨的家庭氛围让孩子感受家是安全的避风港。

你知我心——每天睡前和孩子谈心，并告诉他你有多爱他，聊聊有趣的事情，和孩子融为一体，让他带着温暖和微笑，香甜入梦。

亲密接触——每天抱抱他、亲亲他、抚摸他，用无声的身体语言让孩子感受父母全心全意的爱，滋养他的自信让他乐观、积极地面对生活。

运动游戏——每天陪伴孩子运动或玩耍，强健体魄，健全身心。

学期选修：

热心公益——每月至少一次和孩子共同参加公益活动，或者学校志愿者服务，心存爱心，善待世界，同时感知世界的爱和善意。

牵手旅行——世界这么大，值得和孩子一起去看看，用真实的方法把记忆保存下来，一本随行日记，一个旅行相框……都能承载共同的故事。

共同创作——大自然的一草一木、一沙一石都是最好的亲子创作来源，试着和孩子一起思考，创作有意思的作品。

拥抱自然——自然是最丰富的课堂，和孩子一起走进自然，拥抱自然，也可以野外露营，感受野外生存，培养适应自然的能力。

制造惊喜——选一个特别的日子，邀请孩子的伙伴，制定一些特别的规定，给孩子或家人带来意外惊喜，使之成为值得回忆的一刻。①

有这样的家长培训课程是很好的，如果真的学到了做到了，就可以称得上是"星级家长"了。《小痛爱》中，白认为非常重视小孩教育的杨兰，其实并不是个合格的家长。婚姻上的草率且不说，总是万不得已的地方，我们理解；但离婚后

---

① 这是杭州市外语实验学校的家长上岗培训方案。家长参加培训课程，还要完成《家长培训笔记》，并得到相应分数。而家长实践项目也需要家长认真做记录，并由孩子打分。这所学校当时的校长是亲子教育专家张敏。

她对前夫李良生的"鄙视"和时时流露出来的优越感、傲慢感，对孩子的影响其实是很坏的。她的不合格更表现在，她没有一份学习的心（这也是"四重奏"里所有家长的通病），而且总是以"忙"为借口，忽略跟孩子的有质量的陪伴和沟通（像台湾的金韵蓉女士每天会有母子间的"一小时深谈时间"，像儿童文学作家闵小玲女士会设置"一小时免打扰时间"），她反倒认为自己非常尽责，非常用心，比如，愿意出钱、找人把女儿伊伊转到民办学校去；再比如，鉴于儿子牛牛在幼儿园里表现不好，说明"保姆的文化素质、育儿理念跟不上了"，所以打算换有研究生学历、有专业幼教知识的保姆。

父母自己不学习、不成长，哈佛的博士保姆又如何？

从本质上说，一切培训都是自修，一切学习都是自学。如果一个人不是自己产生拓展思维、更新理念的愿望，如果他不是始终抱有一种开放的态度和自省的意识，那么一切都是白搭。即使听听讲座、看看帖子也没什么意义，仍然不过是"伪学习"，即只听自己想听的声音，只接受自己想接受的观点，所谓的学习也就变成了一种自我既有观念的印证和顽固化，一个人反而会因为这样的"伪学习"变得更加狭隘，更加自以为是。现在就有很多家长喜欢读微信上那些信奉"鞭打""高压""戒尺"的教育"毒鸡汤"，那些武断偏激的"傻子的叫唤"（王小波语），只会让自己深陷于焦虑和狂躁之中难以自拔。

我最近到一所学校采访，听一位著名的特级教师说起，现在有一种观点听起来有理，其实似是而非，那就是：孩子一定要陪！他认为，没人管的孩子的确需要陪伴（比如留守儿童），但全职妈妈式的、低层次的陪伴其实还有反作用。一天到晚陪着，很多孩子长到十多岁，就反感了，要妈妈走开。他认为，家长在陪伴时，是要与孩子一起成长的！

父母自己不学习、不成长，全天候24小时陪伴又如何？

一位家长曾向我诉苦：有一回，他对孩子痛陈游戏如何损害身心健康，语重心长，苦口婆心。孩子问他："爸爸，你自己有没有玩过哪个游戏？"他答："我从来不玩游戏，也对它不感兴趣。"孩子说："那您怎么知道玩游戏好在哪里，又坏在哪里？"他一时无言以对，苦笑着对我说："如果我说赌博吸毒祸害很大，岂非自己也得去亲身体验一番？"

今天像这种父母轻易被孩子"将"上一"军"的情形越来

越多。我以前写过，今天人与人之间在空间上的阻隔不再是大问题，哪怕远隔重洋也可以通过视频通话等实现"共同在场"，但人际在"时间的壁垒"却变得更加明显，"3岁隔一代"几乎就是事实。90后已不再是孩子，最小的90后也过了18岁了，我们今天这些学生的主体已经是00后、10后了。他们是网络时代的"原住民"，他们几乎生来就拥有的许多技能却是需要我们家长费时费力去学习的。所以，在孩子面前我们反而像"新手"。我们要学会与孩子一起成长。

美国有位社会学家威廉·奥格本，他在一本名为《文化的掉队》（*Cultural Lag*）的书中说，一个人的思维、行事方式往往是与他过去所经历的生活而不是当下的生活相一致，所以，从一种意义上说，成人的"文化"与青少年相比几乎总是掉队的、滞后的。我们即便受过良好教育，"经历"而且系统"学习"过那些已经定型的文化，但在理解新的、正在生成的文化方面，在接受带有异质性的、因丰富而芜杂的生活方式方面，不可避免地缺乏敏感性。许多00后、10后小孩的新游戏新玩法，我们闻所未闻，更不用说亲身体验了。许多引得他们疯狂尖叫的偶像明星，我们连名字都不知道。我们经常被尴尬地晾在层出不穷的新名词面前不知所措，经常在完全无法理解的"新梗"面前做不出合适的反应……存在一条时间或年龄上的鄙视链：90后鄙视80后，95后鄙视90后，00后鄙视95后，10后也都自称小哥哥小姐姐了……在这样的环境下，我们容易对种种新事物或挑剔，或漠视，甚至抱有一种拒绝的态度。这事实上是在逃避时代提出的挑战，孩子成长提出的问题。

我们真的无法拥有以前家长们天然拥有的在孩子面前的权威感。从来没有一个时代像今天的家长这样需要学习。我们要做到像心理学家马斯洛说的那样："你必须热爱问题本身！"

还好，我们与孩子之间存在的无法被取代和割断的亲缘关系，应该还能让我们笃定。

新手父母，好好珍惜与孩子共同在场的时刻吧。孩子每一天都在成长，每一天的问题对我们来说都是新的。每一分每一秒，孩子在向我们迎面走来的同时，又跟我们擦肩而过。我们不断地重新认识孩子，走近孩子，而在流动不居的时光里孩子又在毫不停歇地逐渐远离我们。是的，父母的爱是以分离为目的的。

成长是一次迎接，也是一场告别。我们其实都处在迎接与告别的缝隙里，这缝隙转瞬即逝。

　　杭州一所高校的学生在NBA球星科比职业生涯最后一场比赛那天，出了一条通知，上面的一句话带给我一种酸涩的感动："即使还有第二个科比，我也没有第二个青春去追随了……"我们与孩子之间的情形大致也是如此，刚打算说一声"Hello"，转眼却要说"Bye Bye"。李子勋说得明白："生命是以自在的形式存在于当下。"在时间的绵延之流中，真正可以把握的唯有当下，如李叔同云：只今便道即今句，梅子熟时栀子香。

　　罗曼·罗兰名著《约翰·克利思朵夫》最后写克利思朵夫背着孩子终于到了彼岸。

　　于是对孩子说："咱们到了！唉，你多重啊！孩子，你究竟是谁呢？"

　　孩子回答说：

　　"我是即将到来的日子。"

　　是正在到来的日子。

　　是正在经历的每一天。

起跑线怎么变成了鄙视链

《小痛爱》里的李良生责怪前妻杨兰没有管好儿子牛牛,以至于牛牛在幼儿园里变成富有"攻击性""暴力"倾向的问题小孩;而杨兰则心怀怨恨,认为李良生完全没有资格指责自己,因为前夫不曾在女儿伊伊"小升初"上费心。

她想:"她一个小女孩,起跑线错过一两步,就是错过一辈子。"

——《小痛爱》

朱曼玉在跟宋倩请教了一些高考政策的内容后,深有感触地说:"家长功课做得早,就是跑赢在起跑线上,起跑线往前推了,推到家长这边来了。"

——《小欢喜》

民办的翰林小学招生报名，需要填写家长的学历职称职位等信息，还要填爷爷奶奶外公外婆的"第一学历毕业院校"之类，甚至还要提供一段家庭视频；在考试面谈现场，除了孩子要考试之外，两个家长一个去面谈，一个去做考验智商的"问卷"。

——《小舍得》

现在有很多的家长都把培训班当成上帝，把民办学校视为信仰。他们恨不得把孩子的"起跑线"设到妈妈的子宫里。

鲁引弓小说里的爸妈们也一样，逼着孩子上培训班，逼着孩子跑400米能跑进1分钟内，逼着孩子与作业死磕……没错，在现实的语境里，这么做几乎是合理的，或者说貌似合理的。有一句话是这么说的：当别人都这么干时，你还傻乎乎的啥也不干，那简直是自找虐，或者说自作孽。

有人提出"剧场效应"，前排的观众都站起来了，坐在后排的我能怎么办？

都在拿"起跑线"说事儿，以前挺反感，现在倒觉得，确实存在一条不断往前挪的"起跑线"，因为根本没有什么"零起点"！广义的教育实际上从孩子一出生甚至出生前就开始了。但是，这个"起跑线"不是让孩子早早地读培训班，不是通过买学区房或者考入名校。朱曼玉这句话是对的，起跑线在家长这儿，只不过，她眼里（或者某些民办学校招生要求里）的这条跑道还是太窄了，甚至索性歪了：

因为有传，翰林小学不仅坚决不招小胖子，就连家长是胖子的，小孩子也不要。

因为据说，胖表明你自律性不够，缺乏自我管理能力。而从自律性不够的家庭出来的小孩子，有可能是让学校头痛的小孩。

所以，如果你胖，你就对不起你家小孩了。

——《小舍得》

我去！

我们知道，教育的第一责任人是父母，而教育的第一要义是什么呢？其实是教养。教养包括什么？包括良好的情感、态度、习惯、价值观等等。杭州市教育界一位标志性人物蒋莉的一番话说到了要害："人生的起跑线是拥有一个健康的体魄，一颗对世界的热爱与好奇之心，懂得与人相处和为人的情商，一个遇到挫折能够承受的强大人格。不要让孩子输在人生的起跑线上，绝对不是入好园、升名校这么简单。"现在人们把家庭教育简单地视为学业辅导、课外培训之类（而且尽可能"抢跑"），实在是舍本逐末。

不输在起跑线，就是不要让孩子在"养成"方面落后。

我曾不是非常严谨地把人的成长分为生、养、教三个阶段，认为"一分生，七分养，两分教"。"生"这件事，父母可以控制的成分有限，只要做到"优生优育"即可。"养"的阶段最关键，它不仅仅是指让孩子吃好穿好，更重要的是培养、培育，真正养得好的孩子，对于世界和他人抱有善意，对于父母和老师会有感恩，对于自然和未知领域有探究之心，懂得自主、自律、自觉，再大一些，学会独立又知道照顾他人需求，也慢慢地会生长出一份社会责任感，并且能听到梦想的召唤。所谓"工欲善其事，必先利其器"，"养"好了，孩子的情感态度端正了，行为习惯顺溜了，价值观健全了，我们一般意义上所说的"教"就变得相对简单和省力，家长和教师只需要保护好其好奇心、上进心和创造力就行了，反之，"教"则会变成一场互相伤害的搏斗，费时费力且收效甚微。

李镇西说"家庭教育不是家庭教学"，就是提醒我们千万不要把孩子的人生跑道窄化、甚至导致孩子跑偏了。教育的内涵和外延比纯知识的教学要深刻、广大得多，重心要落在

"育"上，落在"立德树人"上。

　　有对朋友夫妇，非常迫切地想让孩子进入某知名民办小学读书。但是很遗憾，在面试环节，他们的孩子表现不够理想，据说只得了"E等"。我不知道这个"E等"是什么意思，遂在网上"温习"了前几年一些民办小学面试的题目，心中了然：这面试环节一方面是考查幼儿的综合素质，另一方面是借机了解家长的育儿理念与学校教育理念是否有较好的匹配度。我们知道的是，九成左右的孩子会在这个环节被刷，进民办小学的难度堪比考"一本"。

　　原来一个孩子真的可能会"输"在起跑线上！

　　孩子的天赋是有差异的。不同的孩子各有智能上的强项和短板。他们还有各自的成长节奏，正如百花总是次第绽放，有早有晚，有疾有徐，有浓有淡，花期亦有长有短。所以本来，对民办小学录取新生来说，固然也会考查孩子已经掌握的知识和能力，但更应该看重的是我前文所述的"教养"方面。有位民办学校校长也明确说，学校也要通过其生活方式和学习习惯等了解背后的家庭教育理念。从这个意义上说，孩子能否入民办学校，"考"的更多的是家长。

那好吧，就考家长。只是考来考去，无非是考出了阶层高下的分野、学力强弱的差距、家境根底的深浅，毕竟"教育理念"这样的牛毛，终究还是依附在"家庭背景"的牛皮上的。《小舍得》中，报名环节就已经对家长设置了不低的门槛，除了要填写祖辈和父母辈的学历，还要提交"展现学习生活美好情景"的家庭视频；招录现场更是又有面谈又有考查家长智力的"问卷"，最为荒诞的就是那幼升小的"问卷"中的题目之难，把家长都"考晕了"。

　　尽管校方说这只是一份"问卷"，与升学与否并不挂钩，但这种考家长的举动实在有些"吃相难看"却是毋庸置疑的。我很怀疑民办学校校长说的那一套是假的，无论是考孩子还是考家长，他们真正关心的还是一个家庭在孩子"教学"（不是"教育"）上"投入多不多"（无论是时间还是金钱）、"抢跑早不早"、"抓得狠不狠"这些东西吧。

　　幼升小很变态，小升初也疯狂。萃集了优质教育资源的民办中小学，在招录这个环节出的这些幺蛾子，与号称应市场而生的培训机构一道，极大地破坏了教育的正常生态，把很多家长的心搅得乱七八糟。起跑线从一开始就设置错了，家长和孩子们也就跑偏了。用鲁引弓多次提到的一个概念来说，是

"读书生态系统"坏掉了。

什么起跑线？明明是一条又一条的鄙视链！学历鄙视链、阶层鄙视链、财富鄙视链、学区房鄙视链、户口鄙视链，乃至身材鄙视链……

不只"读书生态系统"坏掉了，孩子和家长的基本"教养"也被带到阴沟里去了。比如，身为报社副总编的南丽，竟然正儿八经地考虑起假离婚的事！"反正不是真的，买房和离婚都是假的，读书才是真的。"比如，南丽因为自家环境拍不出"美好情景"，竟然灵机一动跑到闺蜜的别墅里作假，扮身份，装幸福。

而且，在这么做的时候，身为报社高管的南丽没有产生一点心理障碍。作为社会基石的个人诚信居然这么轻易就被破坏掉了，而且还破坏得心安理得甚至自以为聪明，这样的家长怎能成为孩子行为规范的榜样？这样的"家风""门风"怎么培养出正直善良的人？"社会主义核心价值观"的24字只是摆设吗？即使孩子如愿升上优质民办学校，最后还考上了名牌大学，恐怕也成不了栋梁之材。我曾亲耳听到一位著名的留学咨询牛人（名气太大，不提也罢）是如何指导中国申请留学的学生写Resume（简历）的，他教大家无论如何要编一个故事去吸引考官的注意力："那些搞招生的人已经看了太多材料，看得都想吐了，他急着要去度假了，你们还好意思给他看乏味的材料？故事！故事！故事！没有故事，编也要编出一个精彩的故事！"这种习惯作假的风格可以说是一脉相承的。

想追求更好的教育，却走向了育人的反面，这就叫荒谬。

也允许我脑补一下吧。南丽也许会辩解：我们是被逼的，如果不是学校有这么奇葩的要求，我们何至于弄虚作假？要骂就骂这个变态的"读书生态系统"呀！

这就是典型的卸责、推脱思维，遇到问责的第一反应就是怪社会、怪生态、怪学校、怪别人。唯独不反省自己。"一杆长枪只向外，何尝半分问我心？"没有任何"他者"逼着你、命令你作假。作假的真实动机就是要满足自己的私心。再说了，作为一个成年人，尤其是作为一个知识分子，你的自由意志呢？主体性呢？个体的责任担当呢？夏君山多少还有几分内省意识，最后说出了"我们嘴里的别人，是我们自己"这样的话。

不是想站在道德高地上抨击谁，在子女读书升学的利害计较下，知识分子跟小市民本就没什么区别。只是，不喜欢这种一边耍着小聪明作假一边还摆出一副被逼的样子。无论有什么样的借口，倘若升学的代价是失去诚信、弄虚作假、贻误子弟，那都是因小失大，是非错乱，流毒深远，后患无穷，荒谬又可悲。

谁更该被鄙视呢？

几年前，杭州发生过这么一件事：某小区里有一条贯穿南北的景观河道，还有30多个池塘，良好的环境成了青蛙们的乐园。高考快到了，青蛙却不解人意，高高兴兴地唱着"歌"。家长们着急了，这每天晚上的蛙声一片，对正在紧张备考的孩子可是一种干扰啊。于是他们想出狠招，竟拿来消毒剂把青蛙毒死，让它们彻底保持静默。

因为高考，家长就被"考"成了这般模样。有些可怜，"可怜天下父母心"嘛！有些可悲，无辜的青蛙被献上了高考的祭坛。自私的家长给孩子做了怎样错误的示范。

我素来服膺的个性校长俞正强提出的"保持善良、保持努力"这教育八字经。他说，一个人不善良、不努力，是"人渣"；一类人善良，但不努力，是可怜人；一类人不善良，但很努力，"成功"的也不少，但就像钱理群说的"精致的利己主义者"，其实有危害性。只有一类人是善良又努力，这就是我们要培养的人，是我们的教育目标。

马克·吐温的名著《汤姆·索娅历险记》，里面有个叫席德的小孩，他可以一边假装打呼噜一边监视汤姆，可以宁愿不睡觉也要从汤姆的梦话中知道点什么，然后去报告姑妈，然后汤姆就得挨批评。在我心里，席德令人感到恐怖，他不善良，而那个老是犯点小错误的汤姆倒挺可爱。汤姆在知道是小女生贝奇撕破了老师的书、而当时贝奇又根本不理他的情况下，非但没有借机报复，而且主动站出来替贝奇背黑锅受惩罚，难道你们不认为他正是一个又努力又善良的孩子吗？

一则传播甚广的帖子，题目噱头十足，"一个班37人考进清华北大 该班老师向家长进言"。一个班有没有37人进清华北大，我不感兴趣，但是帖子里传递的一些理念却能给人启发，如"影响孩子成绩的主要因素不是学校，而是家庭""成绩好的孩子，妈妈通常是有计划而且动作利落的人。父亲越认真，越有条理，越有礼貌，孩子成绩就越好""不要做有知识没文化的家长。如果家长不懂得生活，不知道善待他人，甚至不懂得善待自己的孩子，无论他拥有多高的学术水平，他也是没有文化的人"……这些，才是真正需要

"考"家长的内容。广义的家庭教育，不是父母陪着孩子读书做题目，不是会做那些让人发晕的"聪明题"，而是家长先让自己成为一个有素质的家庭成员、社会成员，从而全方位地、积极地影响孩子。

真正的人生起跑线不在学校，而在父母。无论如何，作为家长和子女都应该守住最基本的"教养"，否则，这不仅仅是教育的失败，更是做人的失格。

有的家长总觉得，我宁可"牺牲"我自己，也要把孩子培养成如何如何的人。这样做是没有意义的，家长的"牺牲"成就不了孩子，也成全不了孩子。就像我一直说的，如果父母自己每天都焦虑、抱怨，而且总觉得孩子是亏欠你的，那么你再怎么费劲、付出，孩子都不会感到快乐，也不会感恩。因为压力是会传导的，不快是会传染的，你会在遇到问题时不自觉地把怨气和不满迁移到孩子身上，会有委屈感的突然爆发。所以，家长还是应该努力成就自己。

我采访过一位全省高考状元谈到父母对他的影响时说，不仅仅是乐观、轻松的氛围影响他的学习生活状态，父母身上那种敬业、上进的精神同样对他起着不可忽视的示范作用。他父亲本来也是一个农民，可是一直非常敬业，不断提高自身能力，完全凭自身努力闯出了一条路，这一点无形中给儿子带来了动力。他说母亲也有很强的进取心，业务能力强，还一直注意提高自己，比如，作为小学教师，普通话水平只要达到"二乙"就可以了，可是她还是努力地去练习，结果通过了"二甲"；再比如，本来像她母亲这个年纪，学校已经不要求他们掌握计算机技能，但她还是在刻苦学习……

教师经常会说这么一句话：教育不是一种牺牲而是一种享受，不是重复而是创造，不是谋生的手段而是生活本身。这样的教育生活才是幸福而完整的。家长更该如此啊！花时间陪伴孩子是牺牲吗？不，是享受。每天都是一模一样的重复吗？不，孩子每一天都不一样，父母遇到的挑战也不一样，都需要创造性地去面对，而创造本身能带来一种最大最饱满的自足和愉悦。在你的陪伴下，你的生命感受、生命形态与孩子的交融在一起，互施着影响。四季更替，时光流转，孩子一天天长大，直至完全脱离你的呵护和管束。他会拥有属于自己的全新的跑道。

请相信这一点，只要家庭教育到位，没有一个孩子会成为失败者。清代诗人袁枚写过一首很别致的小诗《苔》："白日不到处，青春恰自来。苔花如米小，也学牡丹开。"我们的孩子哪怕像那匍匐在地上的最不起眼的苔藓，也没有畏缩和自卑的理由，即便禀赋不优，即便阳光不到，人生也终将掀开精彩华章，犹如青春恰自来。

而所有的孩子，都是从父母这里出发的。

最大的浪费，是被剥夺的机会

南丽嘟哝着：谁想做劣币啊，但在你做成良币之前，可能已经被劣币淘汰了，你怎么做良币？

夏君山笑道，那些人有病，是在催熟小孩。

——《小舍得》

逐利者最会变现家长的焦虑

我们嘴里的别人，是我们自己

不是小孩需要补课

是你大人才最应该好好地给补补了

——《小舍得》

你不可能陪我一辈子，你永远盯着、关着、跟着我，其代价是我的生存能力被降低，没有成长，最终你让我自己无法生存好……所以，你不解除对我的依恋，我得先给你解除。

——《小欢喜》

生命中最大的浪费，不是什么"起跑线"，而是孩子从小到大被剥夺了自我发展的机会。

一部印度电影《起跑线》把许多国人的内心搅动得乱云飞渡，里面那对新富人执着地追求优质教育资源，把它看成了人生的"起跑线"，却完全忽视了那些看不见的东西：孩子自己最真切的内在需求和感受。家长常常会犯这样的错误，都想把最好的东西无私地给孩子，却把最自私的期望加到孩子头上。那点尽量给孩子提供最好条件的无私，也许根本无法与那些期望给孩子带来的压力相匹配。

鲁引弓这四部小说的父母们，从头到尾所有的生活，中心只有一个，那就是孩子，主题也只有一个，那就是升学。受挫时黯然神伤，成功时心畅神怡，他们折腾来折腾去，更多的还是关乎自己的心情。孩子虽然是中心，但却只是一个被动的"宾语"。

不久前，一位妈妈在网上发帖，吐槽自己孩子摇号进了杭州最好的民办初中之后内心的纠结和忧虑。"我娃连学校里要求背的课文都背不出，更别说上兴趣班了。我娃从没资格参加各种比赛，学校里的任何初赛，老师也不会选他。我娃在‘牛娃们’面前立马被秒得渣都不剩……孩子成绩相当一般，摇号进了民办学校，真是哑巴吃黄连，有苦说不出。"很多网友因此也批评她"盲目跟风""一味奔好"。

家长都太习惯于把孩子视为自己的附庸，爱把自认为的好东西强加给他们，漠视他们的感受，代替他们去做选择和决定。

纪伯伦那首著名的诗篇中，后面的句子一样精彩："你可以给予他们的是你的爱 / 却不是你的想法 / 因为他们有自己的思想 / 你可以庇护的是他们的身体 / 却不是他们的灵魂 / 因为他们的灵魂属于明天 / 属于你做梦也无法到达的明天。"

我们经常说要懂孩子。懂孩子首要的就是了解并且尊重孩子的需求，同时又善于引导其需求。有的家长认为，无论我懂不懂孩子，鼓励他总没错。但问题是不懂孩子需求，连鼓励也不在点上，就像隔靴搔痒。美剧《摩登家庭》里有一个场景是这样的：儿子在学校打篮球，表现不够好，篮球教练很粗暴，妈妈为给儿子打气，总是喊："你最棒！"可儿子呢，却觉得妈妈这种不靠谱的鼓励只会招惹别的孩子更加取笑他。所以他甚至不想让妈妈去现场看他的篮球赛。

不懂孩子真实的需求，就像小兔去钓鱼，拿自己喜欢吃的胡萝卜做饵料，还怪那些鱼不知好歹呢。"有多少父母体验了孩子的反应：孩子顺从，给他们以快慰，是他们的光荣，如此等等，却不去发现或根本不感兴趣孩子自我感觉如何？"[1]弗洛姆认为这是源自于父母的"自恋"。

明智的父母都懂得尊重孩子，他们不会把孩子看成自己的附属品。

杨红樱强调"尊重孩子的每一次选择"。

朱永新希望儿子能"对自己的选择负责任"。

安妮宝贝深信"我们彼此的人生是独立的"。她从不对女儿寄予过多期望，不试图用力灌输给她什么，"我只希望她自在地喜悦地玩耍，对这个世界充满好奇，用她自己的方式去探索，去前行"。她提醒自己不要打乱孩子成长的内在的节奏，因为，对孩子来说，"没有什么是比保护天性和保持愉悦

---

① 弗洛姆：《爱的艺术》，广西师范大学出版社，2002年出版，第98页。

和活力更重要的事情"。①

我们这些过于着急的、动辄因为孩子哪方面"落后"而焦虑的家长，真的需要多做点内省的功夫。

如果给一个婴儿洗澡，他哭闹不休，你走过去抓住他的手，他的哭声不会停止；可倘若你伸出手，让他的小手握住你的一根手指，他就会安静下来。为什么？因为抓住他的手，他是被动的，尽管你觉得一切尽在掌控，但他不这么想，事实上是你在控制他；而让他抓着你的手，能让他满足真正从"我"出发的诉求，你不是在控制他而是在帮助他、引导他，给他提供他需要的安全感。

成长中的孩子有哪些心理需求？有一种爱与价值的需求。这种爱从根本的意义上说是无条件的，无论孩子表现怎样你都爱他，但具体到一事一理上爱是有条件的，哪怕责备也是爱的表现。有一种秩序和规范的需求，因此父母有条有理对孩子来说也很重要。有一种获得成败经验的需求，成功体验要靠孩子自己去获取，你硬塞给他的"成功"根本不可能让他获得

① 张泉灵等著：《成长，请带上这封信》，人民文学出版社，2015年出版，第61、62页。

自尊和自信；失败的经验也要让孩子自己去累积，家长动手帮忙或代为决定，固然可以少走弯路，但一味地规避失败也会让孩子无法养成必要的耐心、责任感和抗挫能力。

当然还有能力成长的需求。

认知心理学家皮亚杰提出"发展先于学习"的理念，他认为儿童生下来以后先是通过自己在现实环境中的探索来发展能力，在这个过程中改变了认知的schema（图式），从而可以扩容、建构更多的知识。他的这种理念之于我们教育的意义在于：我们必须具备从儿童视角看待问题的意识，要注重孩子的自主探究和自主学习。皮亚杰并不主张通过我们过早地用知识化的"学习"来加速儿童的认知发展，而是要让儿童像儿童。

童年是极其宝贵的。我们应该让孩子保持对于世界的本初的好奇心和神秘感，慢慢地凿开混沌天真。但是很遗憾，今天的一个普遍现象是：童年在消逝。本该幼稚的孩子却一个个像"小大人"，他们都过早地被知识"喂养"，被理性"催熟"了。具备知识优势的孩子往往显得"高冷"，这样的"高冷"其实是人格成长掉队的表现。可是在"牛娃成群"而又注重学业成绩的环境里，懵懂的孩子处于明显的劣势，于是大家都拼命地往前赶。

在我看来，《小舍得》里的幼儿园大班男生超超，其实已经算跑在很前面了。他学了识字、算术、儿童英语、常识、逻辑思维，同时还主攻"一对一面谈"，读了人机对话强化班。你看幼升小面谈那天，他穿梭于不同的教室，无论拼音、看图说话、说反义词，还是算术、等量代换、数字九宫格、找规律，他都一路顺溜。他还会用英语讲"小蝌蚪找妈妈"的故事，甚至还会脑筋急转弯。他已经开始嫌弃有的问题太简单了。我记得他还通过了围棋业余五段？

当看到夏君山、南丽说别人在"催熟小孩"时我感到很奇怪，他们难道不自知，他们自己可能正是驱逐"良币"的"劣币"吗？

幸好，夏君山还是有反思能力的。在他带着儿女"出逃"普吉岛前，给妻子留下的纸条里，写下了这么一句话："我们嘴里的别人，是我们自己。"

有位小学校长跟我说，身为"高知"的家长培养出来的孩子，在刚进校门时有两种截然相反的表现：一类显得非常"高能"，属于典型的"牛娃"，家长在给他们做培训方面一定花了不少时间精力和金钱；一类则显得相当幼稚，很明显家长秉持的是"放养"的理念，想给孩子一个无忧无虑的童年。但从较长远的视角来看，"高知"家的孩子都并不天然具有多么明显的优势。

偶尔听到一位"高知"家长带着很不屑地语气说："我们这种家庭养出的孩子，怎么可以跟卖青菜萝卜那些人的孩子比？"且不说这话里透出的傲慢和偏见让人不舒服，就是观点本身也是错的。很多打工家庭出身的孩子虽然没有接受什么培训，家长也未必有时间精力去"有效陪伴"，但是那些孩子有可能在无意中也拥有别人未必具有的机会，那就是在父母顾不上的情况下，他们面对"陌生情境"的时候更多，需要自己动手动脑、独立解决问题的机会更多。他们不得不调动自己的能力去完成一项又一项的"任务"，他们认知的schema也因此更有包容性，更有弹性。这些刚上学时显得落后的孩子，潜力其实很大，一般到二三年级就跟上了"大部队"，甚至较快实现了"弯道超车"。

最糟糕的情况是什么呢？是有的家庭一直把孩子当成宝贝保护得太好。可以没有培训，可以没有系统化的"早教"课程，这都不是太大的问题，但因为宠溺，因为相信"我家宝宝是宠不坏的"，不让孩子自己动手做事，七手八脚代替他处理一切，这才是大问题。孩子什么都不用自己去考虑，什么都不用自己去争取，结果就是孩子没有意志力、独立性、好习惯，没有自我要求，没有自我管理的意识和能力，没有通过自身努力赢得肯定和奖赏的渴望和信念，甚至连最基本的知觉整合都完成得不够好，以至于感统失调，每天糊里糊涂，恍恍惚惚，对学习而言最重要的专注力严重欠缺。他们真的根本没法跟"卖青菜萝卜"家的小孩子比。

在教养方式上，"无微不至"往往比不过"野蛮生长"。虽然在某个时期的学业表现上，后者可能会暂时落后。因为人只有走出"舒适区"才会有真正的成长。一切哪怕细如发丝的成长，都有赖于人的自我醒觉。

事实上，有研究表明，一半左右的学困生，困难的来源跟智力无关，而是非智力因素在起作用。什么非智力因素？就是学习动机、意志水平、自我要求等，它们就是一个人的"醒觉"，说得通俗一点，就是"懂事了""自觉了"。这些非智力因素，除了遗传作用外，绝大部分来自日常生活中的"养"。不要让孩子觉得一切都是现成的，都是唾手可得的，要让他们学会通过自身的努力去争取，要让他们在相对匮乏的状态里产生渴欲，产生饥饿感。苏霍姆林斯基说得很明白："在童年、少年时代幸福和欢乐来得越是容易，成年以后真正的幸福就越少。这是教育的一个规律。"①所以父母其实应该有意地给孩子创造一些困难和障碍，而不是相反。

大家都熟悉的"延迟满足"实验（越是能够延迟满足自己即时欲望的人，越能够实现更大的目标），也无非表明，一个人的心理动能和精神势能，是可以积累的，而所有积聚起来的能量（欲望和意志），都会形成更强大的冲创力。

"一个孩子能否比别的孩子成长得更快更好，关键要看他对外部世界是否产生欲望，有没有物欲或占有欲，欲望是一个人成长的原动力。"②当一个被宠溺的孩子可以不付出任何努力就获得玩具以及他人的关照时，他就不会产生对于美好事物和追求目标的饥渴感，他的自我发展的动力就会匮乏。

维果茨基的"最近发展区理论"说，儿童已有能力与可能拥有的能力之间存在"最近发展区"，尽量让他自己努力去争

---

① 苏霍姆林斯基：《给父母的建议》，长江文艺出版社，2017年出版，第13页。

② 李子勋：《陪孩子长大》，中国广播电视出版社，2006年出版，第52页。

取、去做到，他的能力会发展得更快。通俗一句话，别把苹果递到孩子手里，要让他"跳一跳，够得到"。要给孩子自己去犯错去实践并且提升自我的机会。要引发儿童去寻根问底，去自行探索，不白白浪费其思维发展的大好时机。要在现实与可能之间、已知与未知之间留出空间，让孩子自己去"够"。要做到像孔子说的那样"不愤不启，不悱不发"，不急于给孩子答案，不迅速满足他的"认知闭合"需要，要学会等待，学会留白，做一个"懒"家长。

家长必须懂得"有所为有所不为"的道理。

美国心理学家鲁道夫·德雷克斯说："不要替孩子做任何他自己能做的事情。" 因为，如果我们替孩子做得太多，就剥夺了他们通过自己的体验来发展出对自己能力的信念的机会。孩子反而会觉得自己需要别人的照顾，或者他们"理应"享受特别的待遇。家长千万别以为自己迅速地去满足孩子的一切要求是出于爱，那其实是在图省事，恰恰是一种自私。让孩子自己学走路、自己穿衣服、自己吃饭、自己洗澡，比直接抱着走路、帮着穿衣、亲手喂饭、掌控洗澡要麻烦得多、辛苦得多。

在儿童发展早期，家长可以做些什么呢？尽量让孩子自己动手，独立地去探索和体验环境；有意设置一些问题情境让孩子自己解决；让孩子学会多维度观察事物；让孩子学会整理玩具和分类。从认知心理学上来看，整理分类能力特别重要，当他在寻找秩序感的同时就是在探索一个小小的世界，在梳理自己情感的脉络，在建立简单和谐的美感，在向着高阶能力攀援。

曾经有一档真人秀节目叫《跟着贝尔去冒险》，我印象最深的一点，不是明星在野外吃虫子或者被吓哭的画面，而是贝尔说的一句话。他一遍又一遍，不断地对那些有待克服心理恐惧和生理反感的队员们说："这是你的旅程！不是我的，这是你的旅程！"（It's your journey! Not mine!）他还说，"要让恐惧成为你的向导"。

对孩子来说，每一次自己体验、动手玩，都是一个发展能力（包括品格）的旅程，像是一次身体和心智的"历险"。一个人（不只是小孩）在玩的时候是最专注的，他的心智是最活跃的。他在玩的过程中得到极大的愉悦，这种愉悦又吸引他，刺激他去玩得更好、更漂亮。很多杰出的发明都是"玩"出来的，几乎每一位发明家都是不安分的破坏家。都说小孩子的天性是爱玩，因为他们对这个世界有一种好奇，他们能在探索中获得满足，不管这种探索在最初是多么蹩脚且有破坏性。家中小孩喜欢拆钟表之类不是坏事，有人说如果家长打了那个令收音机解体的儿子一顿，他可能打掉了一个爱迪生。那些梦想制造"永动机"的人也不是笨蛋，而是地球上一些最聪明最有才华的人，他们设计的模型无不具有相当丰富的想象力（我曾见识过其中的四个模型），如达·芬奇和13世纪法国人亨内考提设计的装置就十分精巧。可以一点不夸张地说，人类心智在"玩"中成熟；每个人也是在"玩"中成长起来。

还有，要让孩子找到自己的兴趣和天分中"最高的枝头"，但不是出于父母望子成龙的私心，也不能想当然，真正的兴趣要让孩子自己去找到。诺贝尔奖得主、著名物理学家朱棣文："当你开始生活的新阶段时，请追随你的爱好。如果你没有爱好，就去找，找不到决不罢休。生命太短暂，所以不能空手走过，你必须对某样东西倾注你的深情。"

钱钟书小时候有些混沌，爱书成痴，超级喜欢读书，但对于数学却完全无感。他能记住旧小说里各种稀奇古怪的兵器名称，而且知道分别有多重，但一到数学书上的数字，他就死都记不住。父亲钱基博一开始对他的严重偏科很着急，想"补短板"，但是无济于事，身为文学大教授的钱基博发急的时候就把钱钟书身上拧得青一块紫一块……后为钱钟书考上清华大学，数学据说只考了15分（当然这种情况在今天是不可能再发生的了）。而他安身立命的事业就是他最大的兴趣和癖好。

傅雷培养傅聪是用了心的，但并非想当然要把儿子培养成音乐家。傅聪3岁时就对音乐有特殊偏好，爱听古典乐，听时不吵闹也不瞌睡。5岁时，有一次傅雷的朋友发现傅聪听到随意按到的琴键，就知道是什么音。也就是说，傅聪拥有别人训练了很久也未必掌握的"绝对音高"分辨天赋。后来，傅聪就开始了练琴，并成为驰名世界的钢琴家。

兴趣需要启动，需要开发，在养成之前也许需要一点外力。父母要尽早帮着去寻觅，去建立。兴趣是生命自带的胎记，当它被发掘出来，其实是不需要用意志力去"坚持"的，它会成为一个持续终身想戒也戒不掉的瘾，跟朱熹说的那样："如饮醇酒，不劝自饮。"

"从五岁的我到现在的我之间只是一步的路程。从新生儿到五岁之间则是巨大得骇人的距离，而从胎儿到新生儿之间却是无底的深渊。"列夫·托尔斯泰根据自己亲身体会认为，一生中其他时间所获得的东西不及幼时（5岁前）所获得的百分之一。苏联教育家马卡连柯则认为5岁前奠定了一个人整个教育基础的百分之九十。意大利儿童教育家蒙台梭利说得更加肯定：从生命的变化、生命的适应性等所取得的成就而言，出生后的最初三年超过了整个一生，所以，"可以把这三年看作是人的一生"。[①]

　　这比黄金还宝贵的三五年啊！在这一段时间里，一个人的成长是以倍数级别发生的。

　　有个妈妈在孩子七八岁时还一直给他洗脚，有一次孩子闹起了小脾气，把脚盆踢翻了，水流得满地都是。妈妈大发雷霆，说自己这么辛苦给他洗脚，儿子却不识好歹。她不知道，真正该生气的是孩子，因为她把孩子发展自己能力尤其是建立对自己能力的信念的机会剥夺了。孩子自己当然不可能清楚地意识到这些，他只是感到不自由，试图挣脱控制而已。

　　一位懂教育的特级教师所做的刚好相反。她放手让儿子学着自己洗澡，哪怕那会儿他"大闹天宫"把浴室弄得一塌糊涂

---

　　① 转引自王东华《发现母亲》，中国妇女出版社，2003年出版，第95~96页。

也无所谓。后来收拾起来固然很费劲，但让孩子错失品尝自由、发展能力、建立信念的机会更可惜。

要看重信任的价值，人会因为被信任而得到成长。老师是经常玩这一套的：一个经常闹些事儿的孩子，老师偏偏让他当值日班长，结果他变得特别守纪律、负责任，不但管好自己，还能管好班上同学。我熟悉的一位班主任曾遇到一件事：班上有位同学的手机失窃了（按规定，手机本不允许被带到学校），怎么办？他把全体同学召集起来开会，说：某同学违规把手机带到班上，在座的个别同学可能出于所谓的'正义感'，也可能想和她开个玩笑，把她的手机藏起来了。我向那位同学的家长做了承诺，两天之内，他女儿的手机定能'完璧归赵'。那位'藏'起手机的同学应该是一时冲动，请你在方便的时候，偷偷地把手机放到某处资料袋里。"很快，手机回来了。而且还有一张小纸条，上面写着："汪老师，谢谢你给我一个改过自新的机会，我会永远记住这一天的。

人会因为被信任而陡然增强责任感和自信心。记得我刚开车那会儿，找了位师傅陪驾（当时我是个"本本族"，拿到驾照六七年却没开过一次车）。胆战心惊地开了一段路以后，我的余光注意到师傅竟然自己摊开报纸悠然看了起来。神奇之处在于，就在那一瞬间，我的心情顿时也放松下来，不慌不乱，稳稳地控制着车子。我想他对我这么放心了，说明我开得还好。我该更自信，而且更不能辜负他对我驾驶技术的信任。后来我也想过，师傅就那么急着看报纸吗？有可能，他只是借助看报这个"假动作"来鼓励我的。他应该是外松内紧，表面轻松，内心里每一秒钟都保持着高度的警觉。

拉紧缰绳让牛去喝水，牛死活不肯喝；你松开缰绳后，它反倒爽快地低首痛饮了。牛尚且如此，何况人乎？

"解缆放船，顺风张棹"，这是一种多么自由的境界，这才是理想教育的题中应有之义。两岸猿声啼不住，轻舟已过万重山！信任当然不是盲目的信任，自由也绝对不是没有约束的失重的自由，但是紧紧盯着的应该是"第三只眼"，牢牢握住的是隐形的绳子，对孩子来说他必须感受到被信任，必须体验到自由自在，然后才会有自主，有自觉。弗洛姆说，爱是信心的行为，谁没有信心谁就没有爱。难怪写过《好妈妈胜过好老师》的尹建莉会给新书取名叫：自由的孩子最自觉。

我每天送孩子去上学，到了校门口，说过"再见"以后，他立马开启了奔跑模式。他一秒钟也不耽搁地跑，小小的身影跑过接送区，跑过校门口，跑过小操场……书包在他屁股后面晃来晃去。是不是有这么一句话，青春就是，最近的距离也要跑着过去？我觉得童年更是如此。儿童热爱奔跑，可是天生爱奔跑的孩子，当你拿起鞭子时，他们反而不想跑了。

萨特说，自由是选择的自由，不是不选择的自由，不选择也是一种选择。选择就意味着逃无可逃的责任。当一个孩子拥有自由，也就表明他开始承担责任，他必须自觉地为自己的所有行为负责。

因自由而自觉，因自觉而获得知识能力和人格的同步成长，这才叫发展。

母爱的高度决定了家教的水平

南丽对丈夫夏君山说：你有本事，先把他们给我移民到美国去再说。如果没有这个本事，那你挣两套房子回来，以后出国留学，如果没有，那你闭嘴。

孩子教育的决定权，由此被妈妈南丽一把攥在手里。

——《小舍得》

李胜男抬起头，看着潘帅，说第四句话：我更相信了一点，孩子三观教育，主要取决于家庭教育，妈妈的教育。

——《小欢喜》

无论是父亲爱偷懒还是母亲太强势，又或者是当爸爸的不像当妈妈的那样对孩子学习之事更上心、更有紧迫感，一个毋庸讳言的事实就是，在今天的家庭当中，大多数母亲掌控着孩子在教育上的话语权。

家里有祖辈或阿姨帮着养甚至帮着教孩子的，母亲也处在一个中枢的位置上。即使有"鹰爸""狼爸"，他们在教养孩子上的设想和行动，终归要得到母亲的支持至少是默认的。在养和育这两个方面，母亲就是一家之主。

因此，母亲这根木桶板的高度，决定了家庭教育的整体水准。

《卡尔威特的教育》这本"伪书"开卷就引用了达·芬奇的一句话："教育孩子，首先从改造孩子的母亲开始。"书中说，历史上的伟人往往有一个善于教育孩子的母亲。有人主张先叫别人带，然后等孩子长到需要"接受教育"的年纪再由父母接手，这本书的作者毫不客气地指责道："多么愚蠢的父母，他们不知道孩子一出生教育就已经开始了。"如果最初的教育没有被窄化到背单词、做题目之类，我认可这样的说法。"养"的过程中有着更重要的"育"。

在教育权上，父亲即使想要争取，一般也是争不过母亲的。孩子与母亲之间有着更天然的亲密依恋关系。苏霍姆林斯基曾举过一个例子：孩子睡懒觉，父亲想制止，但是他的话不管用，因为母亲心疼，所以孩子就一直躺在被窝里，知道母亲会迁就他，他更清楚的是，"父亲，最终是会向母亲让步的"。①

母爱无疑是伟大的。丰子恺有一幅著名的漫画《首尾就烹》：在烈火沸水的煎熬下，那条鳝鱼呈现出古怪的造型，首尾在水，腹部却尽量抬高弓起，脱离滚水，怎么回事？原来那条鳝鱼腹中有子，它出于本能要保护自己的孩子。虽然可以从生物学上解释其行为，但这幅画面透出的悲悯寓意却令人莫名心酸，几欲落泪。

母亲总是会不惜一切代价保全孩子，你可以说这是出于本能，或者用生物学家道金斯冷冰冰的观点来解释，是因为"自私的基因"。可是，不正因为这样的"自私"，人类才得以存续，生命才闪现出美丽的光辉吗？

然而，在教育孩子问题上，母爱不能仅仅是一种本能，更应该是一种本领。母亲的爱里，应该有更多的智慧。

胡适先生为人性情平和，朋友甚多，而在事业上则有精进

① 苏霍姆林斯基：《给父母的建议》，长江文艺出版社，2017年出版，第59页。

之心，且能耐烦，有耐心，追求"进一寸有一寸的欢喜"。他的这种人品性情和事业心受益于母亲实多。胡适在《四十自述》中说："如果我学得了一丝一毫的好脾气，如果我学得了一点点待人接物的和气，如果我能宽恕人、体谅人——我都得感谢我的慈母。"在《胡适留学日记》里他回忆，留学时他很穷，有人要减价出售一部图书集成，他母亲知道胡适喜欢这书，"遂借贷为儿子购之"。有这样的母亲，才会有这样量级的学者。

王东华《发现母亲》一书中把母亲的工作视为"上帝的工作"，认为"推动世界的手是摇摇篮的手"。他认为有"慈容心态"的母亲可以造就非凡的孩子，尤其是在人格上会更加完善。反之，则可能导致孩子性情脾性上的缺失。

比如我一直认为，傅雷母亲对他高度暴力化的管教方式，令傅雷的人格发生了不可小觑的扭曲，而他自己又动辄用暴躁、易怒、施虐的"雷霆之势"去压制傅聪、傅敏兄弟……值得庆幸的是，傅雷妻子朱梅馥是个兼有现代知识女性见识和传统女性温婉性情的母亲，否则，这个世上恐怕不会有音乐家傅聪。所以我说，当人们从《傅雷家书》里领略到傅雷深沉如山的父爱时，我却更愿意从有关傅家日常生活的记叙中，感受隐于傅雷父子身后的朱梅馥女士那静水深流、至善至柔的母爱。没有伟大的母亲，就没有优秀的男人。

智慧的母亲，既不会有对于简单粗暴管教方式的依赖和迷恋，也不会一味溺爱、迁就、娇纵自己的孩子，"不可爱之以姑息"。千万不要一头是宠溺，一头是暴力；一头是撒娇，一头是撒泼——这样的节奏是让孩子体验"冰火两重天"吗？是要让他"开始怀疑人生"吗？尤其要提醒自己，对孩子大吼大叫、恶语相向是会成为习惯的，喋喋不休、咬牙切齿，会让自己也变得丑陋不堪。一味打骂和威胁，几乎实现不了任何教育目的，孩子不是变得瘟头瘟脑，锐气全无，就是埋下怨恨反抗的种子，会越发往全面失控的路上走。到那时，大错已铸成，九牛莫挽，一切悔之晚矣！

我曾在一篇《虎妈，看上去很美》的文章中说，类似于功课第一、钢琴十级、奥数获奖之类成绩的取得，如果是来自于虎妈强力控制下的摧残式训练和掠夺式开发，那它就什么也不是。任何杀鸡取卵式、揠苗助长式的所谓"成功"只会走向自己的反面。且不说指标化的成绩与一个人的幸福感并无必然的正相关性，哪怕就把个人成就看成是养育孩子的终极目标吧，仅仅还停留在基础教育的学业阶段的"成功"也总显得相当可疑。虎妈式教育的后果之一就是，它注定会剥夺（而不是激发）孩子最内在最原始的对于世界、对于科学的兴趣。

鲁引弓小说里的这些母亲，好像全都是知识女性，也有优雅的一面，但一旦遭遇到孩子升学这些事，就不再淡定，没有静气，一个个变得粗糙、潦草、浮躁起来，几乎全都成了"虎妈"。从她们身上很少能看到那种静水深流、至善至柔的母爱。不得不感叹，畸形的教育生态，畸形的"读书生态系统"，真的会毁掉中国女性的美感，会毁掉中国家庭的幸福，而且，会毁掉中国"未来接班人"的希望。

不久前读到一位熟识的教师王梁的文章《孩子的美好来源于家长自身的美好》，他注意到在家长会上分享家教经验的两位妈妈，都显得优雅、知性、干练。"这两位母亲毫无疑问都是智慧型、知识型甚至可以说是精英型的'漂亮妈妈'，这是孩子和整个家庭的幸运。她们有自己的事业和追求，有视野和格局，身心和谐，不庸俗，不狭隘，不专制，不琐碎，不会以爱的名义把自己的意愿强加给孩子，试图去控制孩子，而是给予孩子自由呼吸、自主发展的充分空间。她们爱孩子，但不会牺牲自己，全身心扑在孩子身上，而是在工作、生活等方面不断自我超越，寻找自己的最佳状态，由此生成的幸福感和成就感，无声胜有声、无为胜有为地传递给孩子。"①

智慧的母亲都是相似的，都是美好的。

智慧的母亲，就像沈从文所描写的那样："生命的健全与完整，不仅表现于对人性情对事责任感上，且同时表现于体力精力饱满与兴趣活泼上。……家事、孩子们的麻烦，反而更激起她温柔母性的扩大。"这样的母亲，想想都觉得美好。

孩子身上太多的问题，都是妈妈不当养育的后果。孩子的一些问题其实是妈妈"制造"出来的。比如妈妈对孩子的"痒"很敏感，一旦孩子有点发痒就表现得很紧张，又是搽粉又是抹油的，他就会下意识地利用这一点来控制妈妈，动不动说"有刺猬有刺猬"。同样地，孩子发现自己一哭闹，妈妈立即放下一切过来安慰，他就会把哭闹当成武器；发现自己一呕吐，妈妈迅速扑过来伺候，他便会在可能要挨批评的情况下作势欲呕——而且真的会呕吐；发现自己一说"头痛"，妈妈马上搁置原有的计划让他休息，他就会在所有遇到压力的时候说头痛——而且真的会头痛……总之，妈妈在乎什么，紧张什么，敏感什么，他就会把这一切表现给你看，用你所紧张、

① 《浙江教育报·教师周刊》（第3版），2018年4月13日。

在乎、敏感的东西来控制你。一些孩子有所谓的"考前综合征"，即将面临考试时就生病发烧，这其实也是"养"出来的。

正如李子勋所说："妈妈看到孩子有很多问题，会加重对孩子的关心，于是孩子对妈妈就有了控制的力量。愿意对妈妈呈现问题的孩子，并不是妈妈有多么尽职，而是孩子要控制母亲。"①

一个不讲规则、不懂自律的孩子背后，往往有一个鼓励或纵容孩子"耍赖"的妈妈。

孩子的耐受力和意志力，很大程度上是被妈妈框定的。他面对未获满足之境况的容忍尺度是不是足够宽，他面对各种困难之境遇的心理阈值是否足够大，取决于妈妈会不会有意识地"忽视"孩子的有些诉求。

所以我说，不妨做个有点"钝感"的家长。

聪明的妈妈，有时候反而显得"傻乎乎"，或者有些"神经大条"。她骨子里是细心的，但她有一种"大而化之"的本领，能清楚地分辨来自孩子的哪些需求值得重视，哪

---

① 李子勋：《陪孩子长大》，中国广播电视出版社，2006年出版，第215页。

些可以不必太过在意，应该让他自己去承受、消化、脱敏。她有一把心灵的"筛子"，筛掉的是孩子身上那些脆弱、依赖、怯懦、懒惰、苟且、乞求等人性的缺陷，留下来的是坚强、独立、勇敢、勤奋、认真、自主等优良的品质。

一旦妈妈被孩子"拿"住了，那她对孩子可以发挥的影响力就很有限了，哪怕一天到晚说"不要这样""不要那样"也没用。有的妈妈总是觉得很冤枉：自己并没有溺爱孩子，可孩子为什么总是不听话呢？其实，溺爱常常在不知不觉中发生，你的表情、你的态度、你的反应都会出卖你。孩子是天真的，但也是"狡猾"的，这与道德意义上的评价无关，他只是从自我保全的动物本能出发来行动的。妈妈被控制，其中一个根本的原因就在于妈妈的"不放心"和"不放手"，在于她过强的控制欲。

听来是不是很吊诡？因为太想控制，所以反而被控制。

不放心、不放手，表现为对孩子的过度防护、过度养育，而这种过度的根源在于一种根深蒂固的"害怕"。《正面管教》一书的作者意识到了这个问题："大人往往会以对孩子更多的控制来掩饰自己的担心。"[①]而我已经说过，大人这样的"担心"，不是为了让孩子作为一个生命个体自在成长，而恰恰是出于一种自私——放心，不过是让自己放心！满足的是自己的心理！求得的是自我的安慰！你死死地控制着孩子，当然放心了，但孩子却失去了宝贵的成长机会。他要么成为一个"妈宝"，要么成为一个完全不听管教的以耍弄父母为乐的坏孩子。

不要害怕教育（养育）孩子，这是明智者的选择。我们必须学会在容许的条件下，给孩子必要的自主空间，包括一定程度上冒险的空间，犯错的空间。我很欣赏的朱永春老师专门写过一篇文章讲述"一味回避危险的教育才是真正危险的教育"这个道理。他尖锐地指出："今天的教育为何被世人讥为'毁人不倦'的野蛮行当，很大的原因是我们的教育缺乏对人性与生命的关照，诸如春游、野炊等许多具有成长和教育意义的活动被学校剔除，教育也就变得平庸无趣。"他还引述了动画片《疯狂原始人》的故事，表明要追求变化、拥抱变化的态度，"如果我们的教育因为害怕不确定性而失去追求担当的勇

① 简·尼尔森：《正面管教》，北京联合出版公司，2016年出版，第36页。

气，教育就没有明天，更没有春天"。

我曾跟一所著名民办小学的老师们分享过作家史铁生的一段话。我说史铁生的妈妈就是一位智慧的母亲。史铁生在青春勃发的年纪不幸瘫痪，他痛苦不堪。但这个世界上一定有一个人比他更痛苦、更煎熬，那就是他的母亲。史铁生经常一个人摇着轮椅"自我放逐"，独自在地坛公园里苦苦寻找生命的出路。他的母亲没有阻拦他，也没有寸步不离地跟住他，尽管她有一百万个不放心，而是说："出去活动活动，去地坛看看书，我说这挺好。"史铁生在许多年以后才理解了妈妈：

许多年以后我才渐渐听出，母亲这话实际上是自我安慰，是暗自的祷告，是给我的提示，是恳求与嘱咐。只是在她猝然去世之后，我才有余暇设想。当我不在家里的那些漫长的时间，她是怎样心神不定坐卧难宁，兼着痛苦与惊恐与一个母亲最低限度的祈求。我可以断定，以她的聪慧和坚忍，在那些空落的白天后的黑夜，在那不眠的黑夜后的白天，她思来想去最后准是对自己说："反正我不能不让他出去，未来的日子是他自己的，如果他真的要在那园子里出了什么事，这苦难也只好我来承担。"在那段日子里——那是好几年长的一段日子，我想我一定使母亲做过了最坏的准备了，但她从来没有对我说过："你为我想想。"事实上我也真的没为她想过。那时她的儿子，还太年轻，还来不及为母亲想，他被命运击昏了头，一心以为自己是世上最不幸的一个，不知道儿子的不幸在母亲那儿总是要加倍的。她有一个长到二十岁上忽然截瘫了的儿子，这是她唯一的儿子；她情愿截瘫的是自己而不是儿子，可这事无法代替；她想，只要儿子能活下去哪怕自己去死呢也行，可她又确信一个人不能仅仅是活着，儿子得有一条路走向自己的幸福；而这条路呢，没有谁能保证她的儿子终于能找到。——这样一个母亲，注定是活得最苦的母亲。

不给孩子犯可控的小错误的机会，他可能就会犯不可控的大错误——在你视线之外的地方，在你照顾不到的时候。

智慧的妈妈都是内紧外松的，她即便有各种各样的担心，也不会轻易地表现出来。有一些自以为"明察秋毫"的妈妈反倒会逼着孩子养成欺骗、撒谎之类的恶习，有一些过度维护孩子的妈妈反倒会置孩子于不堪的境地，比如《小欢喜》里季扬扬的妈妈赵静，虽然身材高挑、姿态优雅，但她"眼锋锐利"，喜欢怀疑别人，当听说老师潘帅打了自己儿子后马上赶到学校兴师问罪，结果，弄得儿子一肚子不高兴。

成长的路上，孩子有数不清的事情让妈妈担心。担心摔个跟头；担心太冷太热；担心没有朋友；担心朋友不好；担心童话太美，看不清世界的真相；担心童话残酷，看不到人生的美好……但正因为有太多的担心，才不能一直把孩子当婴儿抱在怀里，才需要早早地放孩子自己独立行走，让他学会勇敢，学会学习，学会独立。

弗洛姆说："孩子总是要长大的。他终究会离开母亲的怀抱，变成一个完全独立的人。母爱的本质就在于关心孩子的成长，而这便意味着要想让孩子离开她。"①

塞林格说："有人认为爱是性，是婚姻，是清晨六点的吻，是一堆孩子，也许真是这样的，……但你知道我怎么想的吗？我觉得爱是想触碰又收回的手。"

---

① 弗洛姆：《爱的艺术》，广西师范大学出版社，2002年出版，第42页。

爸爸妈妈不要拔河了，跳舞吧

在冯家，"爸爸缺场"的原因，在冯凯旋眼里，那是你女的朱曼玉霸着位，而在朱曼玉眼里，那是你男的冯凯旋"自动离场"。

——《小欢喜》

儿子不想跟我说话，但现在倒是喜欢跟他说话了，他对他搞了什么名堂？才三个星期，我就成外围了，被边缘化了，我十几年养育功劳被他这三星期抢走了，原本我也不吃这醋，妈吃爸什么醋啊……

——《小欢喜》

我们说，母亲的高度决定了家教的水平，在教养孩子的问题上，父亲母亲的角色却常常显得有些古怪而微妙。

鲁引弓"四重奏"里的那些父母，好像都在拔河。《小痛爱》里牛牛和伊伊的妈妈杨兰、爸爸李良生离婚了，但两人为了该让孩子上什么样学校的问题引出的冲突绵绵不绝；《小舍得》里欢欢、超超的妈妈南丽和爸爸夏君山，为了孩子升学的事造成了理智和情绪上的小裂纹，爸爸带着儿女"出逃"了；《小别离》里朵朵的爸妈、琴琴的爸妈为了孩子是升学还是留学一事硝烟不断；《小欢喜》里冯一凡的爸妈，不用说了，长期处于冷战之中……

一个孩子的到来，意味着婚姻关系需要经受一次重大的变更和重建。在以孩子为绝对中心的家庭里，夫妻双方因为养育理念和方法差异导致关系恶化乃至破裂都不是稀罕事。主要差异不外乎：

不惜代价追逐高收费教育，还是坦然接受更普通的教育？

是要通过培训"坑班"之类"死磕"榨出成绩，还是哪怕成绩不佳也想给孩子一段相对轻松的时光？

狠得下心去驱迫、催熟孩子，还是想通过教育把孩子唤醒甚至让其自然醒？

眼睛死盯着眼前的和短期的目标，还是瞩目于长程和终身发展？

用严苛的甚至暴力的方式管教孩子，还是给孩子一个较大的空间自主成长？

把结果看得比过程重要，还是相反？

看重"坚硬"还是看重"柔软"？

喜欢"惩罚"还是喜欢"赏识"？

……

说得还是太书面化了。简单地说，就是指在当今优质资源明显不均衡、升学竞争日趋激烈、攀比和抢跑之风越刮越烈的恶劣教育生态下，自家的孩子该去适应，还是逃离？身为父母，是舍得，还是舍不得？

我总觉得，跟现实里的情况相比，鲁引弓小说里的情节还是太温和了。这样的新闻时有耳闻：有的夫妻因为给孩子辅导功课，意见不同，妻子竟赌气跳楼！小说再写实，也得有审美方面的考虑，里面的人物相对知性，哪怕生气吵架也很懂得克制。比如夏君山带儿女"出逃"一事，小说里写的是盛怒之下的南丽渐渐被"带跑"了，被老公发过来的孩子们的笑脸感染了，以至于自己也产生了奔向那片大海的冲动。这样的结局颇为理想化。现实生活中，老公"敢"拿这么大的主意吗？"敢"做这么不靠谱的举动吗？那明显是"离"的节奏，是压根儿就不想好好过了！

孩子的教育问题几乎是每一个家庭的敏感地带，这里密布着"三观"的神经纤维，牵连着家长尖锐丰富的快感和痛点。

理念的不合拍和价值观的不一致，会在任何事情尤其是关乎孩子成长的"核心利益"上造成不和谐，带来无穷无尽的牵扯——这就是我曾戏说的，在家庭里，"无事生非才是大事，莫名其妙真的不妙"。"无事生非"，即是事事生非，因为不对路的观念就像一道光，会给所有的事情都染上一层不和谐的色彩；"莫名其妙"，即是处处不妙，因为彼此之间连基准层面的理解和接纳都没有。

冯凯旋和朱曼玉"三观不同"，"感觉不太搭"，"不搭到仿佛每一阵风过，都会引来争执，吵到儿子都高中生了，还没磨合好，反而磨出了彼此间的鄙视和相互折磨，于是都累了，想定了：分了吧，因为不快乐，因为三观好像就从没同过"（《小欢喜》）。这就是因为"三观"不合，永远都是

"莫名其妙"，永远都是"无事生非"。

是的，人要转变观念（包括价值观）是最难的。为人父母者的观念都已成形，一颗颗心里都沉积了太多过往岁月的经验，所谓"习亦凝真"，习惯的东西都差不多已经固化为"生存信条"，都已经结上了厚厚的茧了。想要破茧化蝶太难。

可教育的观念之争、话语权之争毕竟不是拔河比赛啊，谁用力谁就能赢。没错，夫妻两人谁更用力，谁更固执，谁越不肯退让、不愿放手，绳子会越被拉到他那一边，他"赢"了；而选择松手的，必定是更明理的一方、更柔软的一方。这不是因为放手的人没有力量，或者自认为不占理，而是他有所顾忌，所以选择退让和妥协。因为他知道，两人拔河的那根绳子，中间套着孩子的脖子。

真理往往害羞，谬误则狂悖无忌。自以为是者，永不知其非。

这就是家庭里的"劣币驱逐良币"。

这就是家庭里的"固执就是胜利"。

然而这样的胜利却是彻头彻尾的失败。

法国作家莫罗阿说，一个家庭的生活质量，必定会落到家庭成员中更为庸碌的那一位的水平上。

在观念和话语权的拔河比赛中，家庭教育（养）的水准，也一定会停留在心智和观念上更落后的那个人的短板上。

谁都知道，夫妻为孩子的教育（养）而争吵是愚蠢的，为了避免这一最坏的结果，在意见无法统一时，孩子的爸爸或妈妈中必须有一方选择沉默，让渡教育的话语权，从而在孩子面前至少达成表面上的一致。当然，这只是一个次优的结果。

"你的愚蠢总是能激怒我——而我一旦被激怒，恰是最愚蠢的那一个。"所以，必须寻求矛盾的和平解决。

苏霍姆林斯基认为，对于孩子来说，只有父母意见一致的要求才是必须无条件执行的，"如果父母的要求在相互争吵中产生，特别是当着孩子的面，那么，无论是否合理，都没有权威，孩子都会认为是可以不执行的"。爸爸妈妈的各执一词，会让孩子感到困惑，并且利用这一点逃避义务、违抗规则；如果父母冲突剧烈直至大喊大叫大吵大闹，更会令孩子心生恐惧，失去安全感，那就与教育的初衷愈加背道而驰了。

夫妻之间需要的是相互让步，彼此妥协。事实上，不管两人的观念冲突有多尖锐，而其中的一方又是如何对自己的想法深信不疑，让步妥协后的"中庸之道"都不失为一个较好的解决方案：在追逐"最优"教育的路上来一个深呼吸，在接受平凡现实的同时多一点上升的欲望；给生硬的"死磕"一点智慧的灵光，给散漫的"放养"一点必要的规约；让柔软有一点硬度，让坚硬有一点韧性……诸如此类。

双方都要让步和妥协当然不容易，但这也正是列夫·托尔斯泰为什么会说"教育孩子，实际上就是教育自己"的道理。教育，需要放下执念。每个人都需要回头，需要自问："我"也许就是自以为是者？——这一弱弱的疑问和反思，才是人摆脱"我执"愚蠢的最后希望。唯一能将"我"从无知中拯救出来的，是知道自己的无知。

我总觉得，有一类流行的"毒鸡汤"是特别害人的。比如总有人津津乐道"家是不讲理的地方"，主要是说男人不要试图跟女人讲道理、论原则、分是非。男人应该让着女人没错，不能过于执着某事的对与错，但女人却不能天经地义地以为自己可以不讲理，对吗？如果男人产生了"我已退到山穷水尽，你却依然步步紧逼……""我早已变得不再是我，可是你却依然（更加）是你"之类的心理，那么家也很有可能不再成其为家了。正如《小欢喜》中冯凯旋对朱曼玉提的两点希望：一是希望她不要再用过于强势的方式开导儿子了，否则"有可能像我搬出去一样，让他离你更远"；二是希望她以后对他说话别带刺，不要总是负能量、消耗暖能，"给别人温暖的人他自己也需要暖能源"。

家里还是要讲情理的。没有情的理，是死理；而没有理的情，是矫情。

教育心理学认为，有专制型父母、宽容型父母、威信型父母三类家长，其中最好的是威信型父母。这类父母其实就是专制型与宽容型父母的"中和"；懂得刚柔相济，善于软硬兼施，知道赏罚并举。教育中当然需要坚持原则，但在多数情况下，那原则是有弹性的，可伸缩可弯曲的。面对孩子的教育问题，夫妻之间不是像辩论赛那样选立场、拼逻辑，不是试图用语言的高压逼着别人屈服，而是要用一种包容性的、圆融的思维，学会商量，学会约定，学会用曲折、间接、延宕、反复的方式，以一种"育人共同体"的姿态，体察到孩子的需求，照拂到孩子的心理，涓滴渗透式地、润物无声式地促进孩子自我生长。

都说父爱深沉如山，母爱温柔似水。父亲和母亲要懂得分工合作。母亲是必然一直在承担着的，而父亲要成为威信型家长，不是嫌烦偷懒把一切事情都推给妈妈。父亲需要成为孩子眼中的"英雄"。对孩子来说，父亲的意义是重大的。如果稍加留意便能发现，像《后天》《阿波罗13号》《星际穿越》等许多著名的科幻电影，都在毫无保留地宣扬父亲作为一个"英雄"在孩子心目中的价值。在孩子陷于困顿或凶险万分的绝望之境，父亲总是会信守最初的诺言，穿越艰难险阻出现在孩子面前。父亲的形象对于孩子来说是可靠、坚毅、不可缺席的，尤其在遇到困难挫折时，父亲"沉稳的目光像一个强劲的力场"（《三体》中描写人类太空舰队猝然间全军覆灭后，被抛在无边暗夜里像婴儿般的幸存者对章北海父亲般的感受），可以鼓舞孩子经历风风雨雨，穿越幽暗岁月。这是一种正面价值观的传递，是整个社会需要守护的家庭伦理。

当然，在现实生活中，父亲的"英雄"形象的确立并不需要真的去从事惊天动地的事业，而是要认真地承担好自己的社会角色，负责地对待自己的工作，尤其是要做到如美国两位家教专家提出的"6A"，即对孩子的接纳（Acceptance）、赞赏(Appreciation)、关爱(Affection)、陪伴(Availability)、责任(Accountability)、权威(Authority)。而一旦成为孩子眼中的

"英雄"，父亲的形象就会在他们成长过程中发挥积极的象征和引导作用：

"你想要成为孩子心目中的英雄，目的是为了保护他们，使他们在遇见伤痛、敌意和精神匮乏的环境时能够活出充实而又丰实的生命。"

"你越能做孩子的英雄，他们就越听你的话，遵从你的世界观。"

作为"英雄"的父亲，还要经常主动地、不伪饰地表达对于孩子母亲的爱。苏霍姆林斯基曾举了一个丈夫每天剪一枝新鲜玫瑰送给还睡在被窝里的妻子的故事，对于孩子来说，只要感知到父母之间有这样的感情，那就不会有任何问题。苏氏认为男人对待妻子和母亲的态度就是对生活本身的态度，而"只有孩子亲眼见到美好的事物并且被它吸引，他才会产生做个好孩子的愿望"。

我曾读到有人回忆自己的小时候，说最有安全感的时候，就是每天早上醒来，听到父母在一旁喁喁低语。

有孩子各方面表现都很优秀的家长在介绍经验时也说过这么一条：不要怕在孩子面前秀恩爱，爸爸疼爱妈妈，妈妈崇拜爸爸，让孩子获得一分温暖、安全、完整的家的感觉，就是最好的教育。

至于冯一凡"爸爸三星期抢走了妈妈十几年养育之恩"这样的事，虽然对妈妈来说特别难以消受，但其实也是可以理解的。孩子对于整天陪伴着他的人，固然会有依恋，就像《小痛爱》里牛牛依恋那个从小把他带大的保姆一样，但对于一直陪伴孩子的妈妈来说，在日复一日的管教之中，必定会有唠唠叨叨的时候，会有"做规矩"施加压力的时候，甚至会有情绪不稳骂人的时候……而这样整天陪着管着他的人，孩子当下是不会领情也不会感恩的，他想念和寄托自己情感的对象反倒是那个不太见得着的父亲，那个父亲因为不曾陷于管教的烦琐苦累以及气急败坏的心境中，故往往显得温和、耐心、亲切。

朱曼玉无限悲愤："你们都不跟我说话，我累死累活，成招人嫌的老妈子了。"

成天灰头土脸的妈妈被嫌弃，而向来清清闲闲的父亲却"坐收渔利"，这真是情何以堪啊！孩子对一个为他做了365天饭菜的妈妈，没有心存感念，却对一个带来一天小零食的爸爸表示亲昵。这个时候，爸爸不要心安理得地"窃取"来自孩子的好感，更不可扬扬自得做"好人"，而是要点醒孩子去感恩妈妈的巨大付出。

这样，孩子的父亲和母亲之间就不再有二元对垒格局的教育观念和话语权之争，而更像是一场进退有序、张弛有度、欲说还休、欲拒还迎的圆舞。

我很喜欢美剧《摩登家庭》里那种轻松幽默、相互理解的家庭氛围，跟所有孩子的父母一样，菲尔和克莱尔也经历许多笑中带泪的故事。有一回，菲尔不小心惹恼了克莱尔，让妻子以为菲尔对她的看法想法完全不在意，从而大为抓狂。受到误解的菲尔后来拿出一本相册，一张张地翻动照片给妻子看，看他是怎样一年年发生改变的：最早他是留着辫子的另类青年，因为她不喜欢，剪了；原来是戴着羽毛耳环的，因为她不认可，摘了；还有，他原来的专业，他最初的志向……都因为她而改变。最后他说了这么一番话，直接让妻子感动得泪崩了：

"你是那个拯救了我的女巫。你不能说我不在乎你的意见，你用上百种方式使我变得更好。我也许错过了一本书或一份沙拉，但我的身上都是你的印记。"

是的，我们的身上都是在乎的人所留下的印记。是妈妈让爸爸变得更好，是爸爸让妈妈变得更好，是父母让孩子变得更好，是孩子让父母变得更好。

改变就是妥协，妥协是因为在乎对方的感受，在乎孩子的现在和未来。

妥协可能有先与后，有多与少，有明与暗……但妥协一定是双方的，是互相的，哪怕迟一点，一方必定要对另一方的妥协有所知觉，有所照拂。单方面的妥协是屈服，没有人喜欢屈服的感觉。

从根本的意义上说，有夫妻关系中，没有人可以强硬地改变另一个人。

所有的付出，所有的改变，必定都是自愿的。

因为懂得，所以值得。

没有理所当然，只有心甘情愿。

教育孩子，实际上就是教育自己

她说，如今，家长层次越低，小孩在教育资源获得上越不公平，家长懂得越少；小孩越吃亏，家长越不经心，小孩跑得越慢，被人落下得越远，像你这样回家只知道捧着一只手机玩的人，得明白你自己和你的小孩正在成为loser的路上……

——《小欢喜》

颜子悠在奔跑。他需要将400米跑进"1分钟大关"。爸爸颜鹏手握秒表逼着他跑。"差一点点了，冲一下可能就到了。"冲一下就可以"上一个台阶"。然而一旁的南丽说：

"你自己也不是这样冲的人哪。"

——《小舍得》

育人之事是最能给人成就感的，所以孟子把"得天下英才而教育之"视为"君子三乐"之一。但一个人在从事教育过程中又是最容易品尝到挫败感的，因为教育者面前的对象未必都是"英才"，在品德上懂得择其善者而从之，在学业上懂得举一隅而以三隅反的人，不如想象得多。

我想，绝大多数孩子的受教和成长历程，除了带给我们几多欣慰以外，恐怕还多少有一些精神上的"折磨"。我记得《第56号教室的奇迹》的那位全美最佳教师雷夫曾谈到过，当他第N遍试图纠正学生的错误而无效时，也会濒临抓狂的边缘。

我们真正对于教育之难有所体会是在有了亲自教子的经验之后。当得知孩子行为规范上有失当之处，当看到他学习时总是难以专注，当注意到他经过多次提醒做事仍然磨蹭拖拉，当发现他竟然连最"简单"的应用题都理解不了……我们的怒气会勃然而发，情绪几乎失控。更可气的是，尽管家长语气越来越峻急，脸色越来越难看，孩子却还是一脸无辜，完全不明白为什么身旁的"气压"陡然变得异常起来。

只是面对一个有着血肉联系的亲子，一个还不会反唇相讥不会用叛逆眼神回击的稚子进行学业辅导时，人的情绪就被激得不稳定起来，可以想见，当面对沉迷网游而九牛莫挽的、动辄违规而屡不改过的孩子时，想要控制好脾气有多么不容易。

育人者，也许真的需要如马尔克斯《霍乱时期的爱情》里那个阿里萨一般，有着"矿石般的耐心"。

教育就是一场自我的修行。这不应该只是一句漂亮话，而是出于切肤的感受，是横亘在面前必须跨越的障碍。

是经历过身心折磨和疲惫后最痛的领悟，是我们生命中的"不得不"。

这场修行需要我们汰除本性中一些粗陋的杂质，要让思维变得更加圆融，要让情感变得更加温润，要让心灵变得更加平和。也就是说，要真正教育好孩子，一定得让自己变得更好才行。

我们不能试图用一种斩截的态度去"修改"一个人，用一种灌输的姿态去"塑造"一个人，用一种机械的手段去"加工"一个人。可能这是真的，"直男癌"和"女汉子"都不太适合做育人之事。教育应该与霸道和压制无缘，与强势或强硬无关。面对孩子，我们只能尽可能地用科学和艺术的方式去引导，去影响，去唤醒。只能是这样："用一棵树摇动一棵树，一朵云推动一朵云，一个灵魂唤醒一个灵魂。"这些已被说滥了的词语和句子，唯有在自己有了体验以后才算鲜活起来，沦肌浃髓。

教育，不囿于一定之规。比如，亲子之间或师生之间，除了师长引领着孩子往前走之外，可以有面对面的沟通交流，可以有肩并肩的同向前行，也可以有背靠背的相依互信。这些都是可以的，但最要不得的是着急，以及因着急而产生的过度控制。从某种意义上说，家长和教师在育人方面所有那些企图修改、塑造、加工孩子以及由此获得的痛苦的经验，都是旺盛的控制欲发作的结果。

着急和焦虑折磨着我们也摧残着孩子。因为着急，我们就会毫不犹豫地驱迫孩子变"乖"，令其行为完全符合我们的期待；就会代替孩子做决定，强行"扳正"他们的兴趣爱好；会牢牢攥住孩子的小手，使他们失去自我选择和独立解决问题的机会；就会根本做不到"不愤不启，不悱不发"，也不会尊重"教育是慢的艺术"，完全忽略思维过程，完全无视试错的价值，只想要一个结果，一个正确的结果，如果迟迟得不到结果，会恨不得代为"抢答"，恨不得把正确答案直接植入其大脑……

朱曼玉对丈夫冯凯旋说的话里，有刻薄的成分，但也说出了部分真相。孩子像一面镜子，照出了我们自己的模样，原来自己的"内在"有那么多不堪的东西。

苏格拉底说："认识你自己。"我们真的认识自己吗？很多人都是在有了孩子尤其是开始"陪读"以后才知道，原来自己根本不似之前想象的那样有耐心，原来在愤怒袭来的时候自控能力会那么差，原来平日里挂在嘴边的"把孩子当作一个独立个体来尊重""教育是慢的艺术""静待花开""育人要有一颗悲悯之心"之类的美妙言辞都是那么飘忽而空洞。总之，我们会发现自己在育人过程中，所有那些潜在的粗陋的心性都显影了，现形了。我有时候甚至开始厌恶自己。

我们知道一个人要做到"不迁怒"。对孩子犯的过错要做到"一事一罚"，不要因为他在某事上的错误而数落其"斑斑劣迹"，牵扯出一桩又一桩"陈年旧案"，不要把简单的教育变成了针对孩子的"控诉大会""审判大会"。但是我们没有做到。

我们知道一个人要做到"不贰过"。每次痛责孩子以后都深感后悔，提醒自己不要再让情绪失控，不要再施加语言的暴力，不要再"用眼神杀人"，但当发现孩子屡教不改甚至错上加错时，仍不免咆哮如雷。我们就这样一次又一次打击孩子，同时一次又一次被自己的愤怒灼伤。

记得杨澜说过："不要让孩子看到你控制不了情绪的愚蠢模样。"而我们就是改不了这样的愚蠢和偏执。我经常在心里默念朱熹"仁是个柔和的物事"这句话，而且说"仁"不唯是指心性的柔软慈爱，更是指果仁之"仁"，是萌蘖新生命的那个脆弱的核心，是内禀着无限生长可能性的最初的种子，所以要好好守护它，好好培育它。但平时却一不小心就肆意践踏之，摧残之。这样与其说像暴君，不如说像个伪君子。

认识自己以后，才能修炼自己。心性的修炼或修养，不是通过云淡风轻的煮茶烹茗来实现的，而是要跟自己顽固的劣性进行持续终身的搏斗。

我们为什么总是逼孩子，却不逼一下自己呢？古人早就说过，勿薄责于己而厚望于人。

比如我要逼孩子改掉某个坏习惯，但是当孩子叫我别抽烟时我却不以为然，尽管我也曾当面跟他承认抽烟是个坏习惯。我岂非正在用自己的苟且明明白白地告诉他，坏习惯其实是不用改的？

"回家只知道捧着一只手机玩"，这也是今天许多为人父母者的日常状态。我们逼着孩子做作业，劝他们多阅读少玩游戏，但反观自己陷在沙发里玩手机的loser的样子，简直就像一个无耻的诱骗者。

《小舍得》中的颜子悠为了"1分钟大关"在奔跑。父亲颜鹏握着秒表守在旁边，他只是一个逼迫者。

那奔跑的小身影好像被笼着一层忧愁、残酷的气息。南丽尖叫："快别跑了，别跑进1分了，他累的。"

"1分钟"是一道关卡，更是一个枷锁，功利得让人忧郁。这样的奔跑没有教育性，没有润泽生命的营养。

然而，有另一种意义的奔跑。

一个高中男生，每天深夜都躲在被窝里看电子小说，批评教育没有效果，每次都承认错误，每次都控制不住自己。这个孩子一直是被寄予厚望的，有望升入国内一流大学，可是眼看他快陷入自暴自弃的泥淖了。针对他自控力弱的问题，班主任和家长商量出了一个办法，让他在接下来的3天每天跑步20圈！班主任说："你越陷越深，班主任有责任，也要接受惩罚，我陪你跑！"第一天，天很热，先跑完的男生用复杂的眼神看着班主任在吃力地奔跑；第二天，天更热，两人又坚持下来，男生想说什么却啥也没说；第三天，下起了雨，班主任忍住肚子的疼痛艰难地跑着，在旁边观看的班上女同学都心疼得哭了……这一切对男生构成了强烈的刺激。终于，男生冲过终点，那一瞬间他忽然仰天长啸！湿湿的脸上不知是泪水还是雨水。

当天，男生冲到讲台桌前向全班同学说了这么一番话："我会用一辈子去记住这3天，记住这红色的跑道！"他重新掌控了自己。后来他考上了理想的大学。他对班主任说，那3天是他一辈子的财富。

我想到了一句曾深深打动过我的话："我努力地奔跑，只为追上那个曾被寄予厚望的自己。"这句话出自一位身体受过重创、在经历了常人难以想象的康复之旅后重返球场的NBA球员。

当读到全国模范教师、优秀班主任郑小侠写的这篇《雨中的陪伴》原稿时，我印象最深的是那男生冲过终点时的仰天长啸。我一直在琢磨，他为什么要大吼一声？那声孤狼般的长啸里有着怎样意味复杂的滋味？也许有不听劝告的悔恨，有与过去决裂的雄心，有从头再来的豪迈，有自我实现的欢畅，有俱往矣还看今朝的青春誓言……那是一个如黑格尔所说"对现实起意志"的时刻，是一个热血在沸腾的生命中的决断时刻！

也许我们很难描写那一瞬间他的内心体验究竟是怎样的，但有一点可以肯定，就是身边陪着他奔跑的那个班主任，那个相信真榜样胜过万千说教语言的"热血教师"，用自己近乎"自虐"的身体力行催化了他内心的蜕变，从而真正地唤醒和激励了他——来者犹可追，追上那个依然被寄予厚望的自己！

家庭教育中，更需要这般烈日灼心和雨中陪伴，需要雨水混合着泪水的催化。"如果没有那次眼泪灌溉，也许还是那个懵懂小孩"，没错，这就是真榜样的力量，情感教育的力量。

美国最有影响力的教师雷夫说过：你希望孩子成为什么样的人，那你自己必须是这样的人！我们要逼着自己发生改变，跟孩子一起一点一点地向完善趋近。我们要让孩子认识到，他不是一个人在奋斗，你跟他在同一个节奏上，是在同一条跑道上奔跑，你们其实有着共同的目标，经历着共同的接近极限的沉重喘息。

与孩子一起奔跑。奔向带着朝露的梦想，奔向生命中每一个喷薄的日出。

我们的自我修行，必定是一个反求诸己的过程，正如《坛经》所言："菩提只向心觅。"

《正面管教》中说得很明白："在孩子犯的大多数错误中，我们都难辞其咎。"认为大多数大人都不能充分理解是自己的不良行为导致了孩子的不良行为，"怎么会是自己的不良行为引起了孩子的不良行为呢"。

能反求诸己，在面对孩子的教育困境时反思自己可能存在的错误，不笼统地归咎于外界，不简单地把孩子推到问题丛生的"洼地"而置自己于某个干干净净的"高地"。唯有反思性的思维方式才能拯救自己和孩子。

比如，有人似乎很喜欢类似于豫章书院这种看重暴力教化的地方，特别迷恋"规训和惩罚"。有人会说，这些孩子已经偏离正轨太远了，他们沉溺网络，无心向学，行为失范，难以自拔，所以需要动用非常规的强硬手段把他们拉回来，无论是关黑屋子还是动用"龙鞭"，都是必需的。所以，扔掉教育那温情脉脉的面纱吧，让人生显露出它峥嵘甚至有几分狰狞的面目，这些"问题少年"只有在与命运狭路相逢的残酷境遇里，才能回到正确的航道。

那些据此谋利的机构抛出这一套说辞，也还罢了。糟糕的是有很多的家长也对此深信不疑。我一直说，一个人在教育问题上的思维方式是否成熟，重要的标志是，能分得清因果关系。

如果你这么想：因为孩子过度上网，厌学厌家，什么话都听不进去，什么手段都不起作用，所以，我只能把他送去戒网瘾，只能强硬、死磕到底，只能花钱请人"修理"他……那么，我无话可说。

真正的教育思维必定是反思性的。我经常说，在教育的问题上，一定要分得清因果关系，不要颠倒了因果。家长必须自问：是不是因为我控制欲太强，是不是因为我太过娇惯，是不是因为我总是压制他的兴趣，是不是因为我把自己的所有愿望都投射到孩子身上"望子成龙"，是不是因为我从来不曾认真倾听孩子的诉求，是不是因为我自己不爱学习，是不是因为我整天看手机成了"低头族""拇指族"，是不是因为我们身为父母的没有学会好好相处老是吵架，是不是因为我自己也有手机瘾、麻将瘾、网剧瘾、好吃懒做瘾，是不是因为我承担主要责任的家庭环境本身就像个戾气横行的轻量级行走学校……才导致孩子迷上网络游戏，不再阳光，厌家厌学？

　　当你这么想，孩子就不至于走到要送行走学校的地步，即便真到了管教无方的程度，孩子也还有挽救的希望。亡羊补牢，犹未晚也。因为唯意识到问题所在，才可能有转机。

　　记不得是哪位优秀教师说过的，无论把教育怎样做到家，孩子还是会犯错误，犯到第200次，他依然相信下一回会改好。要做到这十分之一的程度就不容易，需要家长好好地修炼自身。"懒惰的欲望和软弱才是人类真正的面貌。"（哆啦A梦中野比大雄的这些缺点还是挺被人接受的。）人都有缺点，但要让孩子改正，得先从家长自己做起。许多父母只觉得自己有理由鞭打孩子，请问：你为什么不首先"鞭打"自己？都说"响鼓不用重锤敲""好马不用鞭子抽"，可想想自己，是不是有很好的主动性、自觉性？自己有没有拖拉的毛病？有没有只要领导不在就偷懒的习惯？

　　记得读到过这么一段话：当你还是一个有许多问题的家长时，你怎么能教育出一个和你不一样的孩子？你管得越多，他也越成为你不希望他成为的那部分，越成为你内心中所讨厌的自己的那个形象。

　　我们与孩子的命运是注定扭结或者说"咬合"在一起

的，我们有多好，孩子才可能有多好。当孩子把不好的一面展现在我们面前时，我们都要问一声：我们做了些什么？我们是什么样的人？

为人父母者，都是中年或即将步入中年的人。我曾为鲁引弓的一部小说《不在别处》写过一段话，表达了对中年人应有修养的期待，特摘录如下跟所有的家长分享：

拿什么犒劳我们的中年？就是认真地、用力地过一天又一天的生活。所谓生活，就是让人生，活起来。哪怕天空没有彩虹，哪怕生活千疮百孔，我们依然对这个世界充满善意，脚步从容。

教育孩子，实际上就是教育自己。

家长认真学习，孩子天天向上。

让自己好好生活，才能让孩子好好生长。

为"教育"而狂热，不舍得，更不值得

老金笑着点头，说，是啊，是啊，是太苦了，我们琴琴都已经有些近视了，听说每天做作业要做到深更半夜，你们家的几点睡？

海萍说，每天都快12点。

老金说，早知道这样3年前就该让琴琴上民办学校，是她妈妈舍不得，说舍不得这么小的孩子住校。

海萍说，是舍不得，我们也舍不得啊。那么小的小孩，住进去，那里像个修道院，一天到晚考啊考，排名啊排名，心理强一点、天资好一点、马大哈一点的，还行；但如果女孩子在意一点、敏感一点的，加上一整天下来又没人倾诉，心理会有问题的，所以是有风险的。

——《小别离》

每个人都该有自由的灵魂

个性，无畏，生命的想象，还有野性

所以无法忍受这样的补课、筛选和焦虑

舍不得这样被掠夺、消磨、损耗的童年

舍不得，因为他们还小

他们该有这一生最初的轻快

为了那么一点点的得，被舍的又是什么？

——《小舍得》

当本该清澈的求知眼神变得酸涩而浑浊，当本该静雅的学习姿态变成了一种疯狂的争夺；当孩子们的身边充满了咆哮和焦虑的驱迫，当那些普普通通的家庭，再也安放不下一张平静的书桌……我们还能认出教育最初的模样吗？

幼升小，小升初。学区房，补习班。忙培训，赶杯赛。人有病，天知否？

《小舍得》直击当今教育升学过程中的痛点，写了几个家庭在"不得不"为孩子追逐优质教育资源过程中身心俱疲的故事，读来令人感慨万千。它们其实已经不能被称为乱象或怪现状了，因为在今天的语境里它们显得那么"正常"，几乎构成了许多家庭的日常。

教育变馊了。

家长的心态被焦虑烤煳了。

没有必要复述和概括《小舍得》中妈妈南丽受的"新启蒙"、田雨岚打的"小算盘",还有爸爸夏君山和颜鹏想过的那些亦正亦邪、有用没用的升学招数,无非是一个"比"字,一个"抢"字。一"比"就比出了不服气,一"抢"就抢出了挫败感。不上不下的中产阶层,上不能举重若轻地把事情搞定,下不能接受就近入学"有书读就好"的宿命,心有不甘,力却不够,于是只能"卡"在中间拼命挣扎、扑腾,任由一颗心在锅里煎熬,在风中凌乱。

在举世若狂"占坑"的群体压力下,在全民"抢跑""抢资源"的升学风口上,又怎么能忍心责怪这些家长理性不足、定力不够?毕竟,小小的蝴蝶,飞不过沧海。更多的人习惯了顺流而下的自然,却没有逆水行舟的勇气。然而,对那些被家长驱赶着上一个又一个培训班、参加一场又一场杯赛的孩子,我却感到了心疼。我以前一直主张让孩子拥有一个"原生态"的童年,让他们从"零起点"出发,自己摸索那条学习的小径,在懵懵懂懂中慢慢地"自然醒"。可是,现在的整个环境不允许他们如龙应台女士所说的那样"孩子你慢慢来"，他们不只是被"催熟"，而且是严重"超载"。他们所有表现出来的"优秀"，都将成为一种筹码，就像被装在麻袋里过磅称重一样被人掂量。而为了那一点表现出来的"优秀"，无疑是需要付出身心代价的。家长们貌似都懂得了"舍得"的道理，不舍，哪有得？

耐人寻味的是，更小的时候，妈妈往往对孩子更宠溺；孩子稍大一些上学以后，妈妈又往往是更狠心、更舍得的那一个。

可为了那么一点点的得，被舍的又是什么？

这是《小舍得》中最后爸爸夏君山提出的质疑。

得到的是一个挤破脑袋也难进但终于进去的"坑班"，一所人人趋之若鹜的民办学校，失去的是什么呢？是"自由的灵魂"，是"个性，无畏，生命的想象，还有野性"。

得到的是升入名牌大学的更大可能性，以及建立在这个基础之上的成功幸福人生的空头的允诺，失去的是童年自由嬉戏的时光，是"一生中最初的轻快"。

我知道现在有一种声音很流行，说是你如果"放养"孩子，让他们拥有一个自由自在的快乐童年，致使他们无法在学业上占得先机、取得优势，无法在班级里获得存在感、成功体验，那么他们会在以后的日子里不快乐。"孩子求学路上你流的泪，都是你当初脑子进的水！"这里我没有那么多兴趣来辩论这件事，只想说，生活是绵延的、连续的，生活不能被截然分割成"受苦"的部分和"幸福"的部分，"奋斗"的部分和"享受"的部分，不能把"今天"当作可以被糟践的手段却把"明天"当成至尊至贵的目的，人生本来就是一个过程，更何况，今天的痛苦换不来明天的幸福，上了北大、清华的就幸福得升天了？念了职高、高职的就痛苦得在地上打滚？

鲁迅曾说："将来是现在的将来，于现在有意义，才于将来有意义。"我们不能指望通过今天对孩子童年、少年无情的掠夺、消磨、损耗，来收获一个积极、阳光、富有创造力、能感受幸福的青年、中年。情形恰恰相反，太多穿越了中小学"黑暗岁月"的人，在如愿上了大学以后就完全丢弃了对学业的兴趣，他们在高考结束以后就把所有的书籍和笔记焚之一炬。

电影《太空旅客》中，一群人奔赴一个遥远的星球，可是途中两个人提早醒了，而且相爱了，他们注定到不了那个目的地，可是他们真的度过了幸福的一生。其实，一切无非是旅程。不能领会过程之意义的教育，是反教育的。

即便从培养一个人的核心素养和高阶能力这个角度来看，靠抢跑，靠占坑，靠死磕，靠题海，也是不济事的。"揠苗助长"和"竭泽而渔"这两个成语已经说明问题。怀特海非常看重"充满想象力的探索"，认为知识本身并没有那么重要，重要的是"在知识和生命热情之间架起桥梁"。而当今这样的教育生态，最可怕的正是一点点泯灭了孩子的生命热情。

被格式化的教师和被权力化的知识，都很强大，很可怕。

这种直奔一个升学目的而去的教育，张着血盆大口，总想吞掉一切，包括个性，包括无用，包括有趣，等等。这样的教育好像只爱"整数"，不喜欢也无法容忍有"零头"，有枝节，总要把一切都修剪得合自己心意，总想把一切都除光没有"余数"。

没有"余数"，就只有被规定和驯化的孩子！

"我担心你跟所有人一样，又担心你跟所有人不一样。"

这是几米漫画里的句子。什么意味，自己琢磨吧。

我曾跟朋友半开玩笑地说，看现在越来越"高级"的中小学教育，看所有那些从幼儿园到中小学超前学习的内容，以及培训班上难倒博士妈妈的"聪明题"，好像接下来这几代玩命学习的孩子在智能上越来越厉害，反衬得我们这些70后、80后像白痴一样了。真的是这么样吗？完全不是这么回事。因为智能是多元的，因为核心素养和高阶能力恰恰不是靠拼命做题、靠直奔应试的培训得来的。它们是那点剩下来的"余数"。

　　从某种意义上说，死命培训、埋头做题，恰恰削弱了一个鲜活个体的核心能力。所谓的知识（哪怕看上去是最灵活的知识）在培训班上经过炒、蒸、炖、炸、熏等多道工序，也都变成了烂熟的纯然记忆的东西。它们与想象无关，与生命热情无关，与原始的对世界的好奇和兴趣无关。它们称不上是有意义的学习。而有意义的知识学习本该怎样的呢？如怀特海所说："就像刚从大海里捞出来的鱼一样新鲜地呈现在学生的面前。"

　　这也是为什么有一天我与鲁引弓聊天时，对当今教育生态抱有一种深沉的忧思，对今天"被驱不异犬与鸡"的孩子们心生悲悯的原因。他们几乎被舍去了一切，却得不到真正有价值的东西。

不要让教育变成生活，要让生活变成教育。

当一个奶奶牵着孩子过马路时都让他做算术，当一个妈妈牵着幼儿学走路时都要他回答"老虎"的英语是什么，当一个爸爸陪着孩子在饮食店里等着上面条时都做一张数独卷（这样的情形都是我屡次亲眼所见、亲耳所闻），如此狭义的教育，似乎成为太多家庭生活的主题。

所有人都很重视教育吗？如果这就是所谓的教育，那才是最可悲的。李镇西一针见血地指出，家庭教育不是家庭教学！可有多少家长明白这一点？他们只是感慨，今天当父母真不容易，又要花钱上培训班，又要陪着学这个学那个！事实上，跟以前我们的父母辈相比，今天的许多父母也许是更不够资格的。跟让一个孩子养成良好的意志品质、行为习惯、学习态度等相比，那点金钱的付出、知识的灌输、技能的培养简直就是微末到可以忽略不计。别以为送他上培训班、陪着他做功课才是教育，这些真的微不足道。

正如孙云晓在《小舍得》这部小说封底所写的，父母是防止孩子"童年恐慌"最重要的防线。父母没有必要提前吹哨，逼迫孩子跟跄抢跑，因为，只有不慌的孩子才能健康地成长。

难以想象，普遍焦虑的父母将造就怎样的下一代。

真正的教育是在哪里发生的呢？

在无处不在的生活里，在一个有爱有宽容的家庭氛围里，在父母不被时风带乱节奏的从容淡定的表情里，在自己起早贪黑的劳动伦理和必须承担的家庭责任里，在孩子学习时自己也手捧书本阅读的宁静身姿里，在有条不紊地整理家务时还能哼唱歌曲的那份愉悦里，在用自己努力追逐梦想的行动来诠释自强不息意义的示范里……身为家长，要珍惜，要感恩，要善良，要从容，要奋进，要追求，要永远都带着一点亏欠生活，要永远怀着满满的爱生活。

我经常说，根本不存在什么好学校坏学校的起跑线，家长才是孩子的起跑线。即便你没有在培训上投入一分钱，即使你所做的跟"教育"两字看似无丝毫关系——教育就在那里真实地发生着。孩子视野的大小、见闻的多寡、体验的深浅很大程度上是由家长决定的。孩子的世界，是在家长引导之下不断扩展和深入的世界，他们感悟的契机来自父母的话语和行为，他们价值观的底色源自家长在生活中的诸般表现。家长是孩子察看、理解世界或者观照自我的"第一入口"。家长的生命状态会直接作用于孩子。因为家长的在场，一次日出会点染孩子抒情的渴望，一滴露珠会折射出孩子审美的熹光……想想看，自己有否带着孩子光脚走在草地上、奔跑在田野上？是否曾领着孩子在远离光污染的地方静静仰望浩大的星空？——而这样的体验，也是你自己所热切向往的。

孩子并不需要你完全把他当作生活的中心，而这个"中心"无非是他的学习和成绩。孩子不需要你全身心扑在他身上，你以为是"有效陪伴"，其实不过是凑近他、围着他、盯紧他——做作业。孩子不需要你用"为你好"的名义对他实施全方位的控制。孩子不需要来承担你未遂的心愿或者他不能承受的期望。对于你自以为全情的付出，他可能会不领情，他会喘不过气来。如果一个家庭的成败荣辱系于稚子，那显然是极其变态的。他不想成为"学习动物"，只想做一个简简单单的自己。

所以为人父母者请别自作多情，别轻易为自己一厢情愿的付出感动得热泪盈眶。

有可能，你的所舍，正是他所需。

而你万般珍视的所得，其实与他无关。

什么是教育最本初的模样？

我在这里不想引经据典，用两位认识且相当佩服的教育界人士分别说的八个字来描摹吧。

一位叫俞正强的特级教师、校长说："保持努力，保持善良。"

一位叫朱永春的班主任（他总有本事把全校最后一名的班级带到第一名）说："正常育人，育正常人。"

教育最初的模样，应该有着如鲁引弓所说的"一生中最初的轻快"。早早放学，日落前做完作业，即便不可能在漫山遍野或大街小巷里撒欢，也有余裕抬头看看星空，或者低头嗅一嗅栀子花的幽香。上学之路上总在奔跑和欢笑，童年和少年的感觉里，清晨时分的空气是那么清新，每一个梦想都带着晶莹的朝露。这其实就是我们小时候的状态，并没有特意美化，尽管物质匮乏，条件简陋，但眼神清亮，心灵饱满。可是，说句实话，今天连这么一点回忆，似乎都显得奢侈了，几乎每个人都会哂笑：别，别，别说这些没意义的，面对现实吧。

还是会有独立的判断和选择，还是会有挣脱绑架的一股力量。《小舍得》中，夏君山毅然带着两个孩子到异国海岛

"深呼吸"去了。我不知道他们回来后是不是还要去面谈，还要去挤那扇升学的窄门，至少在那一刻，他们除了眼前的苟且，还有诗和远方的皮皮岛。这种做派，用鲁引弓特别喜欢的一个词来说，就是：不玩了！因为，舍不得。

我知道，没有人会因为一部小说、一篇文章、一番道理而改变自己执着追逐心目中优质教育的步伐，人毕竟是深深地嵌入在现实的机体之中的。哪怕印度电影《起跑线》的结果，也只不过是"政治正确"主导下的曲终奏雅罢了。但是无论如何，对于重负之中的孩子，可以有蓦然之间的一点心疼，应该让他们做一个长长的深呼吸。因为，投入那样的狂热，与其说是不舍得，不如说是不值得。

在任何匆忙境界中都有余裕

老师做个小调查，请在外面学奥数的同学站起来。

42人的班，31人在学。

南丽看见，坐在前排的女儿欢欢，与另外几个也坐着的小孩一起，被衬得零落和孤单。

在南丽后来的回想中，这是奥数对自己第一次直观的冲击。

——《小舍得》

朱曼玉被拉进了一个群"牛娃成群"，那里日夜滚动着做题、填志愿以及诸如"骄傲，我儿拿到了清华的签约""不拼了，去美国读了"等各种信息。

它们像一个个问号和惊叹号，让朱曼玉爱恨交加，既怕错失其中的营养和风向，又怕自己夜不能眠，忧心如焚。

——《小欢喜》

有一位"好事"的妈妈做了个小调查，在城市里，不给中小学生报课外班的家长还有没有？结果发现，不报班的一个都没有，平均都报了三四个班。而且在她的调查范围内，幼儿园的小朋友不报班的，也是一个也没有，有个5岁娃的家长甚至还报了7个班。

　　同样是6岁的同龄孩子，有的连20以内的加减法都很勉强，有的已经会四则运算了；有的连自己的名字都还不会写，有的能写几百字的作文了；有的连首儿歌都唱得磕磕绊绊，有的居然已经考出了钢琴八级、小提琴五级……当这样的信息在朋友圈、家长群里流传时，无数家长的内心瞬间已不再淡定，他们敏感而脆弱的神经被刺激到了：那条该死的起跑线，绊倒了自己的孩子。

　　《小痛爱》中，李良生跟周围人打听，其子女没有不在补课的，都在补，语数外。于是他冒雨去培训机构打探行情，一进门就被前台小哥泼了一盆"鸡血"，还被藐视了一通：都四年级了，你才醒啊？坐满了，坐不下了；有了竞赛成绩才有用，你这还不懂？

　　《小舍得》中，超超其实已经算是个"牛娃"了，但想上个民办却千难万难，怎不让人心焦？培训班早就被挤爆了，南丽想去给欢欢报班，才发现没有空位，自己OUT（落后）了。

《小欢喜》中，冯凯旋想给儿子租一个靠近学校的房子陪读，没想到房价贵到如此程度，而且还租不到。"这社会群体性焦虑就像这风中的毛毛雨雨，是会沾染上身的，只要你入了境。现在冯凯旋就有些入境了……他嗅到了自己心里那份着急的烟火气。"

哪怕像张雪丽这样的老师，其实也让家长们的焦虑进一步发酵。南丽要让女儿上培训班的最初的虚火就是张老师拱起来的。表现上她像个知心人似的说，当然喽，你不让欢欢去培训班也可以的，但是"小孩读书有一个生态系统的问题"……老师也拿"生态系统"说事。"生态系统"的形成太复杂，解决其问题更复杂，难怪推荐《小舍得》一书的作家毕飞宇说，这个与我们切身相关的问题，"我们无法独自作答"。

焦虑的确像毒药一样。因为焦虑，人们不再从容，不再淡定。鲁引弓几次跟我聊起，夏天的晚上他在小区里散步时，经常可以听到父母教训孩子时的呵斥声、咆哮声。谁都急啊，谁都不想落后啊。有这么一个"标题党"段子，大概是这样的："深夜十点楼上忽然听到女人怒骂：什么关系？你说究竟是什么关系？"当"我"这颗八卦的心开始跃动起来，却听到女人气愤地喊道："互为相反数啊！"

我们知道被焦虑支配着的家教氛围简直太恐怖了，几乎可以用"话锋到处，寸草不生"来形容。当夫妻中的一方在咆哮着嘶吼着"陪读"时，另一方只能默默地躲出去。至于有人犯了高血压、心脏病之类的，也不算太新鲜了。据说还有的家庭是这样约定的：为了让妈妈在辅导孩子时能够稍稍自我控制，不要发太大的火，爸爸每天要给妈妈发微信红包200元。因为收了钱，妈妈会觉得自己是受雇在给"别人的孩子"陪读，需要有一点职业态度，打骂不得，故而会收敛自己的脾气。最讽刺的地方在于，这事儿竟然是真的，有的妈妈在朋友圈里当成经验在分享。

焦虑的教育是毒药，它正在毁掉孩子。谁都知道，如果父母表现得很焦虑，在平常生活中没有从容感（更不用说在陪读过程中了），孩子其实是学不好的。他会变得不安。如果家长总是试图用过于压迫性的语言（尤其是语态口气）去催迫他、压服他，他只会变得没有自信，不敢说话，或只会用很低的声音怯怯地说。他会脑袋发蒙，手足无措。所以我一直强调，无论何时，无论孩子表现怎样，父母都应该保持耐心，给他微笑，给他鼓励的眼神，哪怕"小目标"没有达到也别轻易让自己变成暴君，更不能乱喷"你怎么这么笨""你都在学些什么""为你这样耗时间花力气真的不值得"这样的话，也不要流露出失望或放弃意味的眼神，发出无奈的绝望的叹息。

当然，焦虑的父母对这样的话会嗤之以鼻：不在教子的现场，没见识过熊孩子，就别说这种惠而不费的鸡汤话。

那好吧。

《小别离》电视剧中，海清饰演的妈妈在知道朵朵犯错了以后（什么过错真不记得了），预感到自己要发疯发狂（可以想象以前曾经失控过多少次了），在女儿到家之前先服用了一种镇定情绪的药物，没承想服多了，结果昏倒在地。看似好笑的一个桥段，细想想悲从中来。这样的"教育"不只是变态，而且已经面目狰狞了，以至于有人学着当年的鲁迅一样发出呐喊："救救孩子！"那时候是礼教吃人，现在我们决不能让变态的"教育"吃人！

焦虑的教育是毒药，它正在毁掉家庭。面对升学这出"抓狂的戏"，即便你有定力，更无所谓，并不焦虑，但你会因为他的焦虑而焦虑。正是从这个意义上说，焦虑一定会把幸福烤煳。

焦虑因何而来？从主观方面说，你可以说来自人的攀比心，来自盲目的教育消费冲动，但一个人的境界可以因其高而获得赞美，却很难因其低而被指责。当然也可以说是来自人对于自己以及孩子未来的不确定性，我们的焦虑其实是一种恐慌。

但最根本的原因是教育资源配置不公平、不均衡，此系共识。而造成这种不均衡的诸多原因之中，"伪民办"的提前择优招生、跨区域择优招生、设笔试面试门槛的择优招生和对优秀教师的优先配置（很多民办学校教师既享受公办的事业身份，又享受民办的薪资水平），对教育生态的破坏起了决定性的影响。一所"优质"民办学校几乎可以坐地而起，从而挤垮只能就近入学、对口入学的公办学校，好教师和好学生不断流失——这就是鲁引弓小说中，南丽惊奇地发现，前些年还算不赖的家门口的老牌公办学校风帆小学、蓝天中学，已经"空心化"了。"马太效应"越来越发挥其巨大的威力，各种优势高度集聚的学校得到了高升学率，而高升学率加剧了老百姓的抢购冲动，进一步夯实民办学校选名师、择优生的底气，家长群体中的好口碑自不用说，大家不趋之若鹜才怪！而在这个过程中，包括权贵阶层、富裕阶层以及教育界业内人士的追捧又起了"风向标"的作用……早些年还有民办学校校长得意扬扬地宣称自己生源的家境"非富即贵"。不用说，这样的家长资源也能呼风唤雨，有效地维护和固化此类民办学校和自身的既得利益。为了跨过那道升学的门槛，中产们没啥可倚仗的，只有靠让孩子死磕得到的奥数奖项和学科成绩。

培训班也对家长心态的恶化推波助澜。这些机构就是靠"贩卖焦虑"赚钱的。我曾开玩笑说，倡导小孩"零起点"入学，骗了几个老实的傻瓜；强力实施零择校政策，肥了房产开发商和学区房的房东；推行减轻校内课业负担，火了校外的培训机构。结果，对孩子的满腔的爱，好像都变成了一种购买行为：买培训课程，买学区房，"买"来一份对于未来的信心——因其不牢靠，其实更像是求得一点自我安慰。

而在整个社会的舆论场上，有一种迎合和催化家长焦虑的论调大行其道。比如，你为什么总是改变不了自己的阶层？比如，你的同龄人正在抛弃你！诸如此类。韩寒说后者这个题目都让人恶心，的确如此，这种文章糟糕的价值观散发出熏人的恶臭。然而陈旧观念的腐殖层实在太厚了，我们不能寄望于一时之间有所改观。

我主张教育要慢慢来，但学会等待，要用赏花的心情去面对孩子；但我同样相信"教育要趁早"——只是"早"的着力点要有所不同。一天到晚刷题，长年累月只追逐那"看得见"的分数，其实是因小失大的。我们真正应该抓紧的是孩子的习惯有没有养好，孩子自主学习、自我发展的内驱力有没有找到，孩子身上"最强的一面""作为个人发展根源的'机灵点'"（苏霍姆林斯基语）有没有发现……正是这些决定了孩子可能达到的"卓著成绩"。

我以前曾较系统地采访过在高考中名列文理科前10名的优胜者，发现他们的家庭有一个共同点，就是家长对孩子学科成绩的焦虑感都不强，家庭氛围都比较平和。

徐舒扬是那一年浙江省高考的文科"状元"，他妈妈在接受我采访时觉得有一条经验很值得跟大家说，那就是——

"管得早，放得早！"徐舒扬轻快地接过话茬。

他妈妈说，对孩子应该在他还不懂事的时候就加以管教，不要错过管教的最佳时机，孩子还小时虽然不懂事，但恰恰是管教的最重要阶段。他们当初对徐舒扬管得很严时屡有人劝说："小孩子还不懂事，你们对他尽管可以随意一点，等他长大一些以后会明白的。"可是他们认为等到小孩再大一些，许多坏习惯已经形成，再管起来就难了。

要趁早抓的是习惯！

全省理科第七名的魏益佳，他家的家教宝典则是貌似"不管"的管教，其目标也是养成孩子自主、独立的习惯。

经常有人问魏益佳父亲如何培养孩子，他说："我告诉他们，最主要的一点就是，在具体的问题上尽量不管。这样能培养他独立思考的习惯。我们只是在大的方面把关，比如要先做好作业再玩，等等。……在各种问题上，我们都已经习惯于不用强制的、'一刀切'的生硬手段。比如我们提出他可以看电视，但不能什么节目都看……再比如，我们从来不主动给他买书，只有当他提出想买什么书时才满足他的要求，如果他自己不想看书的话，买再多的书也没有用。……我们自己学过一点心理学、教育学，对小孩的心理还是心中有数的。"[1]

特级教师、知名校长徐锦生说，比分数更重要的，是兴趣的激发、习惯的养成、方法的习得、能力的培养、个性的张扬

---

① 焦愚主编：《潇洒走七月——2001年浙江省高考文理科十大强手考坛论剑》，浙江教育出版社，2002年出版，第258页。

等"非智力因素"。一位卓有见识的教科研专家王健敏也在我们举办的一次论坛上说，分数之外还有"别的东西"。

它们是学科兴趣——对教师来说，"教学生不如教状态"，把孩子的内驱力激活了，比什么都强；对孩子来说，要乐于尝试，找到自己的兴奋点，满足自己的好奇心。

它们是学科素养和能力——它们未必呈现为分数，都考满分的孩子未必就有核心素养，而拥有创新思维的人、正处在探索和发现过程中的人，常常顾不上去"冲刺"那伸手可及的分数。像钱学森这样的大师，还有被称为"扫地僧"的王小文院士，在求学期间，满足于考个八九十分，而不愿意进入为追逐剩下的十分得到满分的"伪学习"状态，因为那"十分"的性价比太低，会占据他独立思考、自主阅读、亲近自然甚至晃荡和发呆的时间，不合算，不值得。电影《三个傻瓜》中的那个兰彻，是考不过另一个习惯死记硬背的家伙的，但谁是真学霸，谁创造了真正的学术成就，所有观众都一目了然。

它们是审美活动——一个人的经历和体验可以体现了他可预测的未来。

它们是爱的教育——在"教育"二字中，把重心落在"育"上面，落在心性的自我完善和人格建设上面，才会有成功而幸福的人生。人比分数更精彩。

它们是睡眠和运动——别以为睡觉和运动都是"浪费"时间，用生命去备考才是大大的不智。

看过柴静采访卢安克的节目。这个到中国乡村支教的德国人，哪怕在相对不在乎升学的贫困山区，也是"水土不服"的。他说，中国人都太着急了。他不敢拿政府开的工资，因为怕向他要考试成绩。

有位调查培训班的"好事"妈妈——蒋莹说："小时候在院子里玩泥巴、玩花瓣时，我外婆从来不会煞风景地说：'好去做数学题了。'人对世界和美的敏感性，还有思考，都需要通过留白来发挥。为什么我写作还过得去？那是因为我经常会发呆浪费时间，然后就会有很多灵感，有写不完的话题。"

这样的"留白"，这样的"发呆"，就叫有余裕心。

顾随先生曾说过这样一句话："在任何匆忙境界中都有余裕，造次必于是，颠沛必于是。"就是说，哪怕在流离失所、情况紧迫的"造次""颠沛"情况下，也要葆有一份从容的、有余裕的心境。这是一种教养，是一种气度，是一种格局。有这样的教养、气度和格局，就不会被呼呼直冒的焦虑的火苗灼伤，不会置自己于像热锅蚂蚁或无头苍蝇那样的不堪境地。

鲁迅先生也是尤其看重余裕心的。他翻看一本书，发现满页密密麻麻全是字，天头地脚都几乎没有留白，就觉得气闷。他由此引申发挥，没有余裕心，人生就只感到压迫和窘促；而且还将之提到更高的高度，认为一个失去余裕心的民族，未来堪忧。

我们说，教育要"管得早"，要有"不管之管"，是指抓住习惯的培养、兴趣的激发等，这样才不会失去那些让孩子自主发展的黄金机会。"管得早"完全不意味着要急急忙忙地送孩子上培训班，用密密麻麻的奥数外语围棋等课程占据生命的"天头地脚"。孩子的成长必须要留白，那留白处恰是如魏益佳父亲所说的"独立思考""自主管理"的机会。

到了孩子年纪再大一点，课业负担越来越重的时候，我们也不能让他们整天闷头着扎在书堆里，做练习，刷题目，得给他留一点自己的空间和时间，让他有一份悠游的闲心，让他有不冲着考试的散漫的阅读。有个特级教师抨击过当下过于功利的以升学为唯一导向的教学，自嘲道："谁的心眼会傻到还要什么人文教育？"

是的，"于任何匆忙境界中都有余裕"的人是傻的。但是聪明的人，他真的快乐吗？恰恰相反，他也许正陷于佛家所说的"无明"之中。

不知在哪里读到过崇慧禅师的一句话，觉得它描画的境界细腻而又恢宏，优美而且崇高，透出一种大智慧："不可以一朝风月，昧却万古长空；不可以万古长空，不明一朝风月。"大致也是这样，就是除了眼前的苟且，还要有诗和远方；也不要因为超越性的诗和远方，而忽视了眼前那闪现着审美和诗意的微小时刻。如果一个人被焦虑所控制，困于眼前的不快乐、不理性、不审美的"无明"时刻，就只有苟且而不会有一朝风月，更不可能有万古长空。

有一段时间，我每天到培训托管机构接放学后暂时搁在那儿的孩子。一进门，就能看到一群各个年级的学生猫腰弓背，埋头在那儿唰唰唰地做作业。有的抬起头匆匆瞄上我一眼又回到作业本，我竟从那眼神里看出一丝可怜。这就是今天无数孩子们的放学时光。窗外的阳光一点点消失，暮色渐起，他们就像苦苦挨着的小囚徒。

有多少个夜晚，我从家里充满紧张感的所谓"陪读时光"里逃开，妈妈对孩子的每一声呵斥都让我心惊肉跳，笼罩在家里的"低气压"常常让我觉得了无生趣。家有学童，家竟然变成了这样，而在身后还有那么漫长的求学升学生涯需要去承受，这几乎让我绝望。我下楼散步，只是想呼吸一点自由的空气。

散步时我抬头看看皎洁的月亮，这李白和苏东坡的月光，孩子却没有抬头凝神和漫想的机会。面对被焦虑毁灭的家之宁静，我真的有些矫情，生出了一份"乡愁"。我怀念从前那些简单的日子，那些没有过度教育的小时候。童年和少年时亲近过的大自然带给过我的审美感动依然还在，它们随时可以被召回被唤醒：春天田野上开满无尽延伸的紫云英，清朗天空里风筝晃晃悠悠却不会掉下来，小蚯蚓在软软泥土里伸着懒腰出发旅行，七星瓢虫无畏地爬上我的衣袖，燕子会一个俯冲又一个拉伸进行捕食，而小伙伴吹响了五月的麦哨。盛夏的蝉声点缀了整个童年和少年那些长得好像看不到头的暑假，那是人生中真正放肆的假期。村口幽深的井里爬出来一个湿淋淋的鬼。从未涉足过的远方南山，那整片绿色中的小白点据说是神仙的家。秋天，山坡上的乌桕树的叶子变红了，红得纯粹而浪漫，是那种——那种让我情不自禁更加热爱生活的红！冬天下雪了，经常呆呆地举头看雪花从高空飘落，直到落在我睫毛上，湿润了我好奇的眼睛。而篱笆边雪地里那一圈小小的孤独的脚印，是一个小男孩用脚创作的平生第一幅作品，是他初次见证自己"本质性力量"留下的痕迹……

是谁画下这天地，又画下我和你？

大自然无时无刻不在施行着自己的教育。在睡到自然醒公鸡啼叫的清晨，在听得见麦子抽穗声音的寂静的正午，在妈妈喊着回家吃饭炊烟袅袅的黄昏，在"更深月色半人家，北斗阑干南斗斜"的夜晚——这样的诗篇孩子们都在背诵，但他们恰恰没有一点点真实的体验。

背下了文本里的月色，却丢失了眼睛里的满天星斗。

自然对于孩子的成长究竟有多重要？心理学家李子勋先生在一次演讲中谈道，如果我们承认自然是生命的摇篮的话，那么可以肯定人的内心充满着自然的信息，所以我们应该常常把孩子带到大自然中去，让他躺在草地上看星星，让他的小脚在溪水的冲刷中感受力量，让他在风中感受皮肤的体验。这就是自然给予人的滋养。自然蕴含的智慧比人类的智慧要高级得多，置身于自然中，孩子内心的一些东西会被唤醒。儿童在与自然接触的过程中所能采集到的信息远远超过思维已经理性化、概念化了的成年人，那些信息会滋养孩子灵性的成长。

波兹曼在《童年的消逝》一书中写道："儿童宛如野生植物，仅靠书本学习，难以改善。他的成长是有机的、自然的。"可是，为了孩子能拥有看得见的竞争力，占有哪怕一丁点先发优势，我们等不及地剪断了儿童与自然之间的脐带。

其实，我们对于生活的爱，对于他人的爱，对于自己的爱，都是在童年的自然中打底的。它们来自书册之外，来自考卷和分数之外。为什么我眼中常含泪水？因为我对这土地爱得深沉。康德说："对自然美抱有直接的兴趣，……永远是心地善良的标志。"为什么我们在压力状态下总是会下意识地闪回童年？为什么童年故事永远说不完？因为那样与自然亲密无间的童年，记录着我们与整个世界之间的爱和善意，沉积着我们心灵深处对于生活全部美好的想象和期待，赋予了我们哪怕在艰难困苦中、哪怕在虚无感偷偷袭来的某个黑色夜晚，依然相信美好，依然拥抱善良，依然热爱生命的信念、勇气和力量。所有那些童年的美好内存，都会在我们自己意识不到的地方给予回报，支撑着我们反抗负能量，跨越困境挫折，使我们在任何匆忙、造次、颠沛的境遇里，都有余裕。

不必焦虑，没有到不了的明天。

缺爱和安全感，哪来的专注力

大人情感生活的突然变数，早已见多不怪了，但是，其代价、波澜会一分不少地还到你家小孩的身上，你可能无暇顾及，你小孩可能装不在乎，但每天面对他们的老师，却只能照单全收这些半大少年是如何因此突然间像换了个人似的种种不安。那种懵懂、执拗、脆弱，让人忧愁。你看多了，就会懂。

——《小欢喜》

她说，小孩是很敏感的，如果没有安全感，哪怕一点点不安，他们都会以各种方式表现出来的，像大人的生活状况、情绪状态这些因素，也都会影响到小孩，只要小孩直觉到了不开心，他们情绪就低落，动作就慢，体现出种种不听话的行为来。

没有安全感？大人情绪？算他们眼尖。

——《小痛爱》

在那些年月，对于中学生南丽来说，爸妈的狗血婚变，让她深感羞耻、惶恐，它彻底搞砸了她的心情，并严重影响了她的中考。

——《小舍得》

谁都知道，在今天这么一个注意力短缺的时代，人们的专注力越来越弱了。而想有所成就，专注力是必备的。保持专注，就是把一个人的知觉能力调动到最活跃、最有创造力的状态。比如，阅读是专注，但灵魂出窍般地盯着手机就不能算专注，何故？因为有人盯着手机可以消磨到天亮，但真要在枕畔读书，他剩余的那点专注力"电池"，很可能撑不过一页。

而对孩子来说，专注力更加宝贵。唯有专注，才能找到属于自己的节奏，才不会被别人的表现带乱步伐和气息。《功夫熊猫》里的师父对阿宝最有含金量的指点就是四个字："静下心来。"大多数孩子学业上的困难，都来自专注力的欠缺。而令人忧心的是，现在注意力不够集中的孩子越来越多。原因是多方面的，其中一大原因是我前面所写到过的，很多小孩从出生开始就被剥夺了自我发展的机会，所以我说最大的浪费是孩子被大人错失的机会！而这样的"养教"机会甚至不是从出生以后开始的，而是可以前推到出生之前。

一个婴儿出生的历程，不亚于一部壮丽的史诗，不亚于一次开天辟地的创世纪！

在那长到几十个小时短至几分钟的分娩时刻，经受着痛苦和煎熬的，除了伟大光辉的母亲，还有那个期待降临人间的小小婴儿。对婴儿来说，从母亲的子宫到这一个世界，那短短几个厘米的行程，其间所经历的挣扎和奋斗，比奥德赛的还乡更宏大，比战士们的长征更磅礴！为了穿越幽暗的"隧道"，他必须凭着本能，在接近于窒息的状态下，全神贯注地调动全部力量、技巧和生命意欲，渴望找到那一个光明的出口。没有人是随随便便来到这个世界的，在生命的源头，在"自我"还没有意识到的时候，他就已经在努力，在挣扎，在奋斗。而所有的努力都是成长。我喜欢说这么一句话：人是挣扎着长大的。其实，人也是挣扎着出生的。挣扎，英语里可以说成"struggle for""strive for""fight for"，没错，那样的挣扎就是奋斗，就是战斗。我还喜欢说这么一句话：要始终保持适当美好的饥渴感。没有饥渴感就没有动力，没有渴望。渴望，英语里可以说成"thirsty for""hungry for"，渴望里带着强烈的自强不息的生命意志。我愿意把孩子出生时的第一声啼哭，看成是对母亲和自己终于闯过不凡之路的礼赞，看成是一阕欢畅的生命颂歌。

很可惜，剖宫产的孩子，错失了这一个历练和成长的机会。这样的机会永不再来，无法补偿。注意力欠缺，是因为缺少了调动、整合自己全部感官机能和力量，全神贯注求生存的机会。人生的"起跑"的确是从子宫里出发的。

当然，孩子被浪费的成长机会更多的是在出生以后。我前面已说过，有的父母把孩子保护得太好，服务得太周到，给得太多，太无微不至，结果，孩子自己动手，自己去"挣扎""奋斗""努力"的机会被剥夺了。孩子自己取杯子，自己穿袜子，自己扣扣子，自己掌控大小便，自己洗澡……都需要知觉整合，都需要手脚配合，都需要心有渴望，都需要默会规则，所以无不是一场真正发生的自我教育。很遗憾，父母一直帮着做这些事，孩子就缺少聚精会神去获得一样东西、完成一个"任务"的机会，不但能力得不到锻炼，专注力得不到培养，而且也无法建立起对自己的信心和信念。他们对于美好的饥渴感也不够强，对于自我的要求和争取意识也比较淡漠。

有的还会表现出"多动症"的症状，注意力不集中，缺乏耐性，静不下心来，冲动任性，作业磨蹭拖拉，学习困难……这也难怪现在做感统训练的孩子这么多，需要家长陪着或逼着做作业的孩子这么多！

我专门到一所特殊学校做过采访，校长时美玲说，现在有一个很明显的趋势，那就是送来特殊学校的自闭症儿童比例越来越高，而真正的智力障碍人数比例其实是在下降的。特别值得注意的是，被送来学校的特殊孩子中有一些是"语言残疾患者"，他们在生理上是没有问题的，不是聋哑儿，就是无法进行正常语言交流的孩子。

《小痛爱》里的牛牛在幼儿园里问题不断，后来还被诊断患了"多动症"，未必跟生养方式有关，但一定跟我下面要说的专注力欠缺的另一重因素有关，那就是：缺爱，缺安全感。

我知道，鲁引弓笔下的那位幼儿园陈瑶园长是有真实原型的，跟我认识的很多幼儿园园长妈妈、幼教特级教师一样，有爱有智慧。她真的是"眼尖"，她根据多年从教经验，判断这个有"攻击性""暴力倾向"的孩子之所以如此，不外乎三个原因：一是家里有了什么问题，尤其是父母间情感出现了问题；二是小孩子在家常挨打；三是缺爱。在我看来，三个原因归结起来就是六个字：缺爱，缺安全感。

一个有爱的家庭有多重要？无论怎么强调都不过分。

很多中国人（有时候甚至包括我自己）常常会不以为然地说：西方国家的人就是矫情，动不动就说什么"童年阴影"！父母吵架孩子有阴影，父母打骂孩子有阴影，随便一点伤害就留下了心理创伤，碰到点什么事儿就说有应激反应，严重的还会发生精神分裂、人格障碍，长大后有些事情不顺利、情绪不对头还会沿着隐秘的岁月通道回溯自己小时候遇到过的哪一幕情景，从而成为一个无法化解的"情结"（complex），真可谓"曲径通幽处"……可是，至于吗？

至于的。

"蝴蝶效应"告诉我们，童年体验的一缕微风是有可能演变成一场心理上的龙卷风的。人类心理的深度迄今为止还远远没有探测到底，灵魂像一个深潭，时而混沌，时而清澈，充满了潜流与漩涡……对于心灵层面的健康，我们要有足够的重视，要有"诚"和"敬"。

心理学家认为，让孩子出生后跟父母养成情感依附，对他日后产生心理和行为偏差有免疫作用。而且，子女之所以勤奋、努力，向着自己的目标奋力追求，也是因为自幼得到父母关爱而发展出来的。有数据支撑，少年犯罪的真正原因是出自家庭，而决定孩子人格是否健康发展的，就是"自幼建立的亲子感情"。有了情感浸润的孩子，即使在家庭以外遇到挫折或受到污染，也会因自己有追求的方向而具有免疫力。

南丽在早已长大成人后，对于"充斥了她整个少年时代"的父母吵架仍然充满厌憎。当她不得不回到二十多年前涌动着父母争吵声浪的地方时，心里还在"拥堵"。爸妈的狗血婚变，不但令她中考考砸，而且"这些成为她的阴影，并滞留至今"。

身为妈妈的南丽，在中学生时代是缺爱的。

幼儿园老师李霞缺爱。因为星星唱歌、说话影响其他小朋友休息，她的手指甲划到了星星脸上。她在家里与婆婆不合，与老公闹离婚，心里的烦乱涌出来，教管小孩时简单粗暴了。

星星的妈妈杨慧伦缺爱。她是单亲妈妈，眼见儿子划破了脸，情绪也不高，就自行脑补老师"虐童"的画面，跟所有对孩子过度维护、缺乏同理性和同情心的妈妈一样，迅速进入了撒泼打滚的语言暴力和肢体暴力模式，给老师打了一记响亮的耳光。

杨兰和妹妹杨慧伦都缺爱，她们的妈妈经历过一个缺乏温情的年代，眼神都变得很"硬"。这种"硬"会把孩子稚嫩的心硌出伤来，不是说"眼神杀人"吗？

杨兰和妹妹杨慧伦的孩子牛牛和星星，都缺爱。

作家陈岚在《我们为什么被霸凌》一书中写道："儿童建立起善恶观是要有成年人的规训和引导的。但学校和家庭中有许多成人本身就是创伤下长大的孩子，当他们内心深处是一个绝望的巨婴时，又怎能引导孩子建立正直的人格？"

缺爱是会"遗传"的。

创伤是会"传染"的。

孩子的安全感，离不开一个良好的家庭氛围。这一层意思，值得反复申说。从早上一睁眼，孩子的感觉天线就全面开启了（其实他们在入睡的潜意识状态里也能感受外界的扰动）。父母不要吝啬那一声"早上好"，以及自己的笑脸。但可悲的是，父母往往会因为起床时分的匆促忙乱，以及自己勉强起来还带着的"起床气"，对于孩子要么无视，要么就是一长串不耐烦地催促，甚至还伴随着呵斥。美好的一天，往往在清晨起床的那一刻就被毁掉了。

有人把家庭教育理解成在家庭里施行教育，其实，它应该是指家庭的教育，重心落在"家庭"二字上。家庭的存在状态、夫妻间的相处方式、父母对待孩子的态度本身就是最重要的教育。对家长来说，"怎么做"比"怎么教"重要，"怎么说"比"说什么"重要。当你自以为在教孩子道理或者知识时，你的一个表情、语气都会出卖你，使所有的教育效果变成零，甚至变成负数。我们强调"言传身教"，强调"门风（家风）优美"，都是基于此。

要让孩子听你，你必须让他感觉到自己是真的被爱着的。"如果你没有让孩子感受到你无条件的爱和接纳，给予他们安全感；如果你没有通过赞赏给予孩子自我价值感；没有向他们传达爱意，反而老在孩子耳边苦口婆心地唠叨'我这么做都是为你好'，其结果必会更加适得其反。"

《中庸》里说："君子之道，造端乎夫妇。"夫妻之间倘若缺爱，缺乏基本的尊重和理解，那是不可能有好的家庭教育的。一位把孩子培养得很优秀的妈妈也分享了这样的理念：在家里，爸爸宠爱妈妈，妈妈崇拜爸爸，两人在孩子面前要不惮于秀恩爱……

苏霍姆林斯基几乎是不遗余力地强调夫妻之间要有爱。他说："出色的孩子，总是生长在父母彼此真诚相爱中，也真诚热爱、尊重别人的家庭，这些人家的孩子我一眼就能辨认出来。这些孩子心境平和、心灵健康，听从教导，真心相信人世的美好。"

他还说："夫妻要为家庭生活创造最高尚、最珍贵的财富——相亲相爱。只有这样，家庭才能营造出最有利于孩子成长的教育气氛。"

苏氏说的这番道理，似乎谁都知道。但是正如王阳明说的，知而不行，其实还是不知道。夫妻之间总能找出一千个理由为自己叫屈：我们真的是"三观"不合，对方真的是太过分，诸如此类。而我们也清楚，两个"三观"不合的人之间，正因为生活在同一个屋檐下，正因为彼此的命运深度纠缠在一起，才使得"交流"和"沟通"变得几乎不可能。相亲相爱？别开玩笑了，彼此不撕咬得遍体鳞伤就算造化了。

如果夫妻经常吵架，孩子会产生一种预期：一人说一句什么，另一个人可能会有怎样激烈反应，最后两个人又是如何都失去了情绪控制，变成了愚蠢的样子。孩子会因此生活在恐惧之中，惶惶不安。在大人吼叫的时候（无论是大人之间还是冲着小孩），孩子会形成一道自我保护的防御机制，穿上心理的盔甲，并建立了对大人的不信任感。孩子缺乏安全感的表现，不一定是躲在角落里发抖，反而更可能是显得漠然，有点自闭了。这是他的一种自我保护方式，就像疼痛是对身体的保护一样，钝感、麻木和冷漠也是一种自我保护。

还有极度的沉默。

一位校长朋友高军玉给我讲了一个小女孩失去声音又找回声音的故事。她还把这个故事编成戏剧让小学生们在舞台上演出。没错，故事来自日本作家青木和雄等人写的儿童心理成长小说《生日快乐》。有个名叫明日香的女孩，从小长在一个缺爱的家里，被父母冷落，被哥哥打击。她11岁生日那天，妈妈忘了给她过生日，哥哥又说出"你要是没有出生就好了"这样伤害她的话，明日香从此以后不能说话了。

后来，因为优美大自然的恩惠，以及外公外婆温暖的包围，明日香最终找回了自己的声音。

让人心塞的是，面对缺爱的环境，也有孩子选择了更极端的反抗或逃离：前段时间，有位14岁男孩跳楼了。他留下了这样一句话："父母吵架的时候我想死。"

冯凯旋和朱曼玉过不下去了，但是两个人还是演着。就像很多有孩子的夫妻一样，知道两人关系不好会影响孩子，所以装也要装一下，"演出点温暖"。但是，"演技毕竟无法招架生活的破绽"，生活在这种家庭氛围里的孩子恰恰是最敏感的，冯一凡早就知道爸妈分居了，而他们还以为他啥都不知道。他想："别演了，装啥呢。"在过去这些年里，虽然三个人生活在同一个屋檐下，但他从来没觉得这里像一个"家"。他受的煎熬不算少了，"这屋子里呈现各自奔突的苗头，甚至能让你从空气中嗅到一缕局促、费劲、尴尬、茫然的气息"。说实话，冯一凡在这样的家里还能成长为一个大体上算是阳光、健康的大男孩，已经属于老天很眷顾了。《小舍得》里李子良和杨兰的一双儿女伊伊和牛牛就没那么幸运了，他们更稚嫩，更脆弱，更缺乏安全感，也更易受伤害。牛牛有暴力倾向，伊伊做作业磨蹭拖拉，都为恶劣的家庭关系付出了代价，就像我说过的，大人生病，孩子吃药。

装，真的没有意义的。作家计文君在小说《白头吟》里描述了一种不再相爱的夫妻之间"伪交流"的状态，她的表达很到位："就像两个人掉进水里的溺水者，不敢去拉扯对方，还竭力把恐惧挣扎伪装成花样游泳。"《小欢喜》中那对夫妻冯和朱，在儿子面前所做的不正是这样吗？

其实，夫妻关系真的到了走不下去的地步，离婚也比整天吵架或者冷战要好。既然已经山穷水尽，那还不如放手——放过对方，放过自己，放过孩子。转过身来还可以重建各自的关系。千万别拿"为了孩子"做借口，不敢决断。

"我妈跟我爸没离那阵，他们天天吵架，我妈的声音都快把屋顶震塌了，我用录音笔把她的声音录下来，让她自己去听，我说，你们为什么不离婚？……我们这样的家，我早等于没有家了。"这是《小痛爱》里小女孩格格说的，在她的劝说下，父母离婚了，否则她妈妈肯定是"重度躁郁症"。

一个家庭里，可以缺角色，但不能缺爱。单亲家庭的孩子并不见得会表现为学业不优秀、品行不良，对此不该有刻板印象。有太多孩子在寡母的抚养之下坚强地长大，成人成才，角色的欠缺是可以反过来成为奋斗的动力的，就像阿德勒"自卑与超越"理论说的，有自卑感的人会努力克服欠缺以达到优秀。值得记取的是，无论双亲还是单亲的家庭，都不能笼罩在吵架、怨恨、暴力的氛围里，都要给孩子提供一个怡人的"精神的气候"。

美国的心理学家鲍德温做过研究，一个情绪不稳定的教师容易扰动学生的情绪，而情绪稳定的教师则能使孩子情绪稳定。这是一个常识，不用研究也可知。紧张感会传染，焦虑感会传染。如果一个孩子时刻要提防着来自父母或老师的训斥吼叫，他怎么可能"静下心来"？青木和雄说："害怕受到伤害，所以才手忙脚乱。"我总觉得，"最好的教育得是暖男"，态度温和的家长，孩子差不到哪里去。如果老爸能有一点幽默感就更好了，任何矛盾都能以机智幽默化解之，善于把每一个"不好"的事情转化成教育的契机。这样，家庭氛围始终保持宽松愉悦，孩子一定甘之如饴，他不会缺少专注力的。

教育家赞可夫在《和教师的谈话》一书中说："智力活动是在情趣高涨的气氛里进行的。"家庭环境越轻松活泼，孩子的思维越活跃，越不会畏缩呆板，精神涣散。专注力不是靠吼出来的，不是靠强制手段能收拢起来的。哪怕一些"狼爸""虎妈"极为推崇的卡尔·威特的教育（其可靠性值得怀疑的），也反对"来自于父母的过度催逼"，还引用了哲学家穆勒的观点："极度催逼留下终生的创伤。"

一位我很佩服的校长说，有一类很喜欢惩罚的老师总教不好书，为什么？因为学生一直在害怕受到惩罚，很紧张，就变笨了。

　　家长们经常在各种群里感叹道，平日里的"心肝宝贝"一到辅导他作业时，就差不多变成了"敌人"；而"亲爱的妈咪"（当然也有老爸）则简直成了一个爱咆哮、动不动暴跳如雷的"魔鬼"。处在这样的状态里，孩子不但会丢掉安全感和专注力，他还会丢掉学习的全部兴趣。如果你没有养成全神贯注听孩子说话的习惯，包括在肢体和言语上的表现，都没有做到真正聚焦，那么孩子也不会专注地聆听你。必须要让孩子感到，他讲的每一句话都得到了重视。家长还要尽可能与孩子一起，对于某事产生同样的兴趣，投入同样的专注力。你的专注态度，孩子可以感受到，并试图去习得。

　　不少家教专家都谈到过培养孩子专注力的具体做法，如尽量少的打扰、不急着介入帮忙等，而培训机构则强调感统训练的效果。在我的理解中，具体做法可以各异（如参与需要积极投入的运动、帮助寻找兴趣点、设置"任务"并让孩子自行克服障碍完成等——"眼到！手到！意到！"这样的话你喊一千遍，还不如让他自己颠一会儿乒乓球），但根本的理念有两条：一是不要剥夺孩子自我成长的机会，要让他们自己去

struggle for something, thirsty for something，在调动身心机能去争取的过程中，才会有专注力的发展和自我信念的建立；二是营造有爱、有安全感的家庭环境，要相信每个孩子都有天赋的知觉整合、自我生长力量，我们可以做到的最低限度是不要抑制、掐灭、撕碎它们。

专注不只是能让学习变好，更重要的是，专注本身给人快乐。村上春树在接受《纽约时报》采访时曾说："全神贯注是我生命中最快乐的事情之一，如果不能全神贯注，我就不会那么快乐。我的反应不是很快，但一旦我对什么产生兴趣，我便能多年做这件事，从不厌烦。我就像一个大水壶，要很长时间才能沸腾，但之后我能一直保持温度。"这就是"入迷"和"沉醉"的状态。请相信，每个孩子都本能地想追求专注的快乐，我们要让他们在有爱有安全感的体验中，自己去找到心智活跃和精神愉快的沸点。

让有仪式感的生活润泽心灵

接下来，李良生每天来幼儿园的时候，都给他猜一个谜语，或讲一个笑话，或讲一个小故事。一天天，他在用心对待这一小会儿。接下来的日子，每天李良生走进幼儿园的时候，就看见儿子向他伸着小手，像在讨东西似的说：讲。牛牛每天都在等着这个曾经生疏的爸爸到来。他听话了不少，脾气也稳定了不少。

——《小舍得》

潘帅老师决定回馈同学们一个礼物。

同样的是生日礼物，一场特别创意的"18岁主题班会"。

于是，在他们紧张、单调的复习迎考生活中，就有了一抹不同的色调，和一份小小的欢喜。

——《小欢喜》

什么事都要到高考结束，看电视也要到高考结束，看小说也要到高考结束，买卡通也要到高考结束，生活又不是高考结束以后才开始的，又不是现在不用过了……

——《小欢喜》

智慧班主任郑英老师在一篇《用仪式感擦亮一些重要时刻》的文章中，用《小王子》中的一个片断来解释什么是"仪式感"。

"你每天最好相同时间来。"狐狸说。

"为什么？"

"比如，你下午4点来，那么从3点起，我就开始感到幸福。时间越临近，我就越感到幸福。到了4点钟的时候，我就会坐立不安；我就会发现幸福的代价。但是，如果你随便什么时候来，我就不知道在什么时候该准备好我的心情……应当有一定的仪式。"

"仪式是什么？"

"它就是使某一天与其他日子不同，使某一时刻与其他时刻不同。"

因为李良生每天给儿子牛牛带去一个谜语、笑话或故事，牛牛居然很快就重新接纳了这个在妈妈眼里很low、很窝囊的爸爸。他每天开始有了盼望，有了寄托，感觉下午放学的那个时刻，"与其他时刻不同"。

仪式感并不一定与堂皇的舞台、肃穆的气氛联系在一起，像毕业典礼、结婚庆典等。它可以在一些微小的时刻散发出独特意味，浸染人的心灵。我很喜欢的沈从文小说《长河》中，天天一家非常认真地过每一个节日，毫不苟且，"从应有情景中，一家人得到节日的解放欢乐和忌日的严肃心境"。这样的节日本身就是生活的一部分，吃的、看的、玩的，都是为了犒劳自己的身心，在他们看来，这样有仪式感的生活才是有意趣有味道的生活，它既是操劳，也是游戏，是享受。

我在博士论文《天地与我默契》中花了相当大的篇幅来阐述中国传统礼乐文化之审美意义，认为仪式有着内在的心理情感作为凭依，是有灵魂的，它规约着人的情感，过滤掉一些芜杂的欲望，让人产生"诚""敬"之心，如冯友兰所说"使人的情感雅化、净化"。具体就不引述了。总之，仪式感是审美的感受，它具有积极的心理暗示和提升效果，能促使所有在场者产生更美好的自我要求和自我期待。而如果完全不注重仪式感，那一切无非都是苟且，容易形成"破窗效应"。

很多优秀的老师都善于营造仪式感。

有位班主任，在新生入学当天，师生第一次见面，她竟然自己在讲台边安静地看了近一节课时间的书（当然她用"第三只眼睛"观察着学生），让学生在体验中了解规则、在情境中熟悉班级，"教师近一节课的静静阅读，一定会作为一道风景留在学生的记忆里"。

有位叫宋卫庆的班主任，我总觉得他有点像《小欢喜》里的潘帅，经常有一些别致的想法，但显然比潘帅要老到得多。他会在新年到来时让学生许下愿望，并且先经过讨论确定心愿规则，包括内容和形式。如心愿内容应该是：涉及物质方面的，少于30元；高中时就能实现；不涉及难堪的隐私；提倡追求精神的愉悦；不是男女暧昧……心愿实现方式分为"帮别人实现"和"自我实现"两种。

宋老师还有很多仪式感方面的招数。比如，他把他们班称为"乌有之乡"，而他是"乡长"。再比如，他还尝试过上课前让学生"冥想"，让他们在安静中细数自己的呼吸，真正静下心来。有一位职校的教师也说他会这么做，上课伊始会给学生几分钟的冥想时间。

而前文提到的郑英老师，对于课堂心怀虔敬。她说，每次课前，她都提早5分钟进教室，然后静静地坐着。铃声响起，她走上讲台，挺拔地站立，带着微笑，但神情庄重，待所有学生端坐完毕带着期待的眼神聚焦于她，她才宣布上课……

而在孩子晨读时，她必端坐讲台静静看书，"无声的濡染是最好的教育方式"。

优秀教师的做法，也是值得家长借鉴的。举一个简单的例子。现在好多人都不注重开"家庭会议"，涉及一些事项的决定，要么独断，要么夫妻两人商量，商量不好就逞着自己的脾性吵架，却基本忽略孩子的诉求——哪怕所商量或吵闹的事情就是关于孩子的读书升学的。鲁引弓"四重奏"里的家长也往往如此。这也可以视之为没有仪式感。家庭会议还是要开的，而且召开之前必须约定几条"铁的规则"，比如，孩子也有发言权和表决权；一人表达时，另外几人必须倾听，无论怎么不赞同也不得随意插嘴；无论涉及什么问题，无论想法有多大差异，均不得生气发怒，不得破口大骂，更不得使用脏话……所有这一切，都是教育，都是教养。

有人说，我们每天忙忙碌碌，好像根本没有营造仪式感的时间和心境。其实这就是没有余裕心的表现。尊重仪式感也是热爱生活，每当到了某个节日，比如入园第一天、上小学第一天、新年第一天、第一次单独旅行、毕业［"毕业典礼"（commencement）就其英语的本义来说，其实是"始业"的意思］、生日这样的时刻，如果能腾出一点空间来整理心情，思索回味，或者给予孩子一些勉励和期望，也许在悄然中、无意间埋下了几颗理想和信念的种子。或者，哪怕是个平常的日子呢，你想让它变得与别的日子不同，它就可以显得不同。如俞敏洪所说：生命中一定要留下一些让自己热泪盈眶的日子。

对孩子来说，也许我们觉得重要的东西他们不觉得，而我们漫不经心随口应付的却是他们翘首期盼着的。想想看，少女明日香就是因为没有得到"生日快乐"的祝福而"失声"的。

史铁生的妈妈答应周日带他到动物园还是别的什么地方，但是后来妈妈忙这忙那，小男孩一直等着，等着。妈妈还在洗衣服，完全忘了这件事，只到"孤独而惆怅的黄昏到来"了，他蹲在那儿不出声地流泪，妈妈这才惊惶地意识到自己的疏忽。

"男孩儿蹲在那个又大又重的洗衣盆旁边，依偎在母亲怀里，闭上眼睛不再看太阳，光线正无可挽回地消逝，一派荒凉。"

这是史铁生平生的"第一次盼望"，却没有得到郑重地对待，以至于他许多年以后还感到遗憾和失落。

别小看仪式感的意义。一些礼仪中见出"三观"，一些程式中见出情感，一些套路中见出态度，仪式感是教养的重要组成部分。我们深信，粗糙的教养状态，不可能培植出精致优雅的心灵。

仪式感可以泛化在家庭生活的方方面面。过年前的"掸尘"仪式可以泛化为定期整理衣柜，扫除庭院、保持清洁；"祭祖""扫墓"等仪式可以泛化为日常的敬老举动；"举案齐眉"的礼仪可以泛化为夫妻之间彼此包含着互相尊重的相亲相爱；虽不必餐前"祷告"，但餐桌上养成珍惜粮食、谦让他人、吃相文雅等却也是一种必要的自我提醒……在我看来，家里环境布置清雅得体、家庭成员说话做事有分寸、进屋打招呼、起床睡前道声"早安""晚安"、随手收拾、每天铺床叠被、仪容仪表保持清爽干净、行止得体等等，莫不是有仪式感的表现。一个人在日常中的行止最能见出修养，"朝夕

熏陶，或能为其所化。如蓬生麻中，不扶自直。"（清朝李渔《闲情偶寄》）

曾国藩后人中出了不少各个领域的优秀人才，与曾国藩家书中一再表达的育人理念不无关系。曾氏家教就是从不起眼处入手，然而又是有仪式感的教育。他在信里经常提到特别土的八字真经："考、宝、早、扫、书、蔬、鱼、猪。"训诫家人要从早起、洒扫、种菜、养鱼、喂猪这些最切实的小事做起，达到修身齐家的目的。曾国藩本人也是严格践行，他每天黎明即起，醒后不沾恋；每天读书，一书未完，不看他书；即使在凶险的战场上，他也坚持写字不辍……他终生信奉这样的道理："天下古今之庸人，皆以一惰字致败；天下古今之才人，皆以一傲字致败。"他对一个"勤"字总念念不忘，认为"每日做事愈多，则夜间临睡愈快活"，并且把"勤劳而后憩息"视为人生至乐之一。曾国藩从小处着眼、一丝不苟地身教，不但养成了他至诚、勇毅的气象，也使他的言说在族中子弟中间发挥深远的影响。

重视仪式感家庭的孩子往往比较有自省精神、有教养，而有自省精神和教养的孩子在包括学业成长方面都不用太费劲。对中国人来说，不妨"以美育代宗教"（蔡元培语）。从某种意义上说，仪式就是规矩，无形中对人的言语行为方式有所约束，但它并不具有令人生畏的强制性，当一个人把仪式生活化或者让生活具有仪式感，那么"他律"就内化为"自律"，再跃迁到"自觉"，直至"不知不觉"（不是"无知无觉"）。这样仪式就成为一个审美教育的过程。所谓"诚于中而形于外"，一个能在规矩准绳中获得自由感的孩子，已经养成了一颗"诚""敬"之心，养成了讲究和认真的态度，养成了不对付、不苟且、知道对自己负责的习惯。这样的孩子更懂得尊重规则和约定，更热爱空间时间和内在的秩序感，更善于控制欲望、管理情绪、制订规划，更能在纪律约束与天性自由之间找到平衡，更懂得理解所处的群体环境和他人的期望，更愿意维护人与人之间的和谐以及内心的平和，更清楚自己的要求和目标，更珍惜自我的形象……

注重仪式感的生活，是最好的美育。

前文提到曾国藩家书，其实，许多卓有建树的名人都是通过家书来积极有效地影响孩子成长的，如梁启超家书、傅雷家书等等。

给孩子写信，本身就是一个富有仪式感的举动。时至今日依然如此。

有人说，有什么话当面说不就行了，何必多此一举呢？打个电话、发个微信语音也很方便啊，写信，太老土了吧！我一直觉得哪怕实时信息传递再便捷，在教育孩子上，写信仍然不失为一种很好的方式，而且最好是手写，因为这种郑重其事的态度会在无形中发挥作用，正如郑英老师所说，"你的认真会传递给孩子一种信息"——"父母如此认真，我没有理由敷衍！"

写信好在哪里？书写本身既是一个理性化、形式化的过程，也是一个让绵软的感性充分发酵的过程。书信是沉默而延宕的言说，它是有待打开的可能性。它来自另一个时间，不具有占有的特性，而更多呈现出内向的抒情气质。书信是一种物化的时间，它就像感情的雕塑一样，凝固为记忆的化身，熔铸成历史的一部分。书信具有绵长的韧性，始终敞开着阐释的空间，不断地在岁月里展开，哪怕过了很久，再次展读时，曾经带来欢笑的言辞可以在多年后令你潸然泪下，而曾经心碎的语词又会使同一个人浮起微笑的皱纹。

写信跟说话不一样，书写之际也是一个审视、反省自己的时候。写信是对心灵噪音的排除，是对孤独时光的享受。写信是一次屏蔽干扰、面对自我的修养。

现在也确实有不少父母动笔给孩子写信，其中有的还火爆网络。

当然，注重仪式感，不是说父母非得腾出专门的时间来做一些形式化的事。苏霍姆林斯基就说过，那些没时间"专门"教育孩子的父母，其实也不用太焦虑，因为教育是无处不在，无时不发生的。比如，爸爸妈妈都要上班，孩子跟奶奶待在家里，这没什么关系，关键是这个家里要有规矩，如孩子学会了走路就要干活，不光为自己干，还要为别人干，等等。如果没有这样的规矩，那么即便父母都在家也是坏的教育。他还说："最具有教育力量的精神财富，是家人间的相互关心和尊重。"

让整个家庭氛围有一点仪式感，这样的仪式感可以让孩子回味终生，受益无穷。

胡适在《四十自述》里特别回忆到自己小时候觉得美好的场景，就是他与父母一起在灯下识字，称之为"三个人的最神圣的团聚生活"。这样的场景，当时只道是寻常，过后却发现会一直散发出柔和的光辉，温暖心田。

我采访过的那位高考状元经常跟他父亲下围棋，他认识"黑""白"概念就是从围棋棋子开始的。于是，他家里经常出现这样一幕：父亲让他三个子与他对弈，这时候妈妈就静静地坐在一旁看他们父子两人下棋……

小时候这样的学习场景也一直铭刻在我的记忆深处：窗外雨声潺潺，妈妈一边哼唱着越剧《碧玉簪》一边收拾换季的衣服，我则在看书或做作业；小学三四年级时，家里终于告别煤油灯有了沼气灯，我们兄弟几个静静地看书或做作业，妈妈在旁边织毛衣，明亮的沼气灯发出嗞嗞的声音……我记得当时我的心头突然涌上一阵说不出的甜蜜，那大概就是胡适说的带着仪式感的"神圣"体验吧。

无处不教育。

有餐桌上的教育学，有马路边的教育学，有汽车上的教育学，有田野里的教育学……在这里，没有说教，没有灌输，所以，仪式感是重要的，"无声的濡染"是重要的，"神圣"的体验是重要的，言传身教是重要的，因为——"你期待在孩子身上看到什么样的品性？他们在我们身上看到的，将来我们也会在他们身上看到。"[1]

跟一些朋友谈起教育时，我喜欢化用《三体》中的一句

---

[1] 麦道卫、迪克·戴依：《六A的力量》，江西人民出版社，2008年出版，第14页。

话"宇宙很大，生活更大"，说"教育很大，生活更大"，"不要让教育变成生活，要让生活变成教育"。教育不仅仅是回家作业和单元测验，不仅仅是各色培训班和"夏家坑班"，不仅仅是奥赛和华数杯，不仅仅是幼升小、小升初、"重高"前三和北大清华……我们需要把教育放在更大的生活场域、更大的时空视野中来看。我们不应该把教育放在狭小的"考试升学"的石臼里，捣得稀烂，这只会让教育的逻辑变得越来越怪异，越来越无解。我们尤其不应该让只知追逐分数的"教育"覆盖生活自身的意义，如凡·高所言："如果生活中不再有某种无限的、深刻的、真实的东西，我将不再眷恋人间。"

无限的、深刻的、真实的东西，经过有仪式感的时刻和场景，而润泽了人的心灵。有仪式感的生活是新鲜生动的，仿佛带着晶莹的朝露。

《小欢喜》中乔英子说的那段话给我留下极深的印象："生活又不是高考结束以后才开始的。"说得多好啊！她简直像个哲学家！今天不是到达明天的手段，没有一样东西（升学、高考）可以把今天与明天裁为两截。无法想象今天没有"生活"，而真正的"生活"要从考上大学以后开始，仿佛今天只是苟且，明天才是诗和远方。但凡抱着这样的念头在苦挣苦熬着"生活"，那么情况可能恰恰会变成这样，即到了高考结束以后，更有赖于自主自觉的学业上的探索发现之旅即将开启的时候，兴趣没有了，动力枯竭了，一切都变成了应付，或者说把应付功课、尽情地玩游戏、得过且过、荒废时光当成了向往中的"生活"——这难道不是真正的"苟且"吗？

所以，李镇西说：要让孩子现在就幸福。

所以，我说，把握住每一个带着朝露的日子。

很多年前，我曾经采访过的一位女生吴漪（全省高考理科第五名，被清华大学生命科学学院录取）很认真地跟我说起她的人生格言是："在此之前与在此之后，好好地生活。"她觉得这句话的意境特别好，是对于整个人生的一种观照。"此前"与"此后"就是人生的全部，此前与此后，就是此时。所以任何人都应该珍惜现在，因为刚刚得到的，也刚刚在失去。

在此之前与在此之后，好好地生活。

教育不在别处。

生活不在别处。

就在当下。

此时，此刻，此身。

大成大，小成小，世间无弃人

季扬扬梗着脖子，愤然说，我在乎的，很在乎，非常在乎！我恨他们把我搞到这里来！他们就是为了让我显得很差是不是？这里全是学霸，就是为了让我只有挫折感，没有自尊，只有失败。

——《小欢喜》

我比别人对于我自己更重要。大人总对我说"看看周围，看看周围"，但，如果你永远看着周围，你如何把自己交给自己？

——《小欢喜》

有人曾经问我，你有没有可以验证自己教育理念成功的例子？比如像某某那样培养出了5个博士、1个硕士，或者像某某那样把两个儿子"打"进了北大，像某某那样让自己的孩子跟英美的哪些名校发生了关系……我的回答是没有。孩子还小，在读小学。而且说真的，我认为这种把孩子考进名校当作招牌来宣扬家教理念和方法的风气，恰恰是当今教育功利化、成功狭隘化的一个症候，它迎合或者说助长了不惜一切手段"望子成龙"的家长群体中普遍存在的浮躁和焦虑心理。这样的情形令人担忧，教育生态，亦即鲁引弓小说中屡次提到的"读书生态系统"不断恶化，教育观、成才观扭曲变形，一切为了分数，一切为了升学，而教育的最根本目标——"立德树人"却没有被真正当回事。

教育永远在路上。这一路上没有什么圣人，也鲜有所谓的智者。我不是教育专家，也没有讲台经验，我是在二十多年里不断向教育行家尤其是优秀教师请教学习的过程中，在因为写作而倒逼着阅读和萃取教育思想的点滴中，在自己不可避免要遇到的育人体验中，后知后觉，困知勉学，隐隐约约触摸到了教育的最本真的那个部分，认识到了什么是教育的应然状态，即教育需要柔性智慧。我的教育观念是从痛苦的人生经验和教训中结晶出来的，是如王阳明所说从"事上磨"出来的，是痛的领悟，其中有着生命中的"不得不"。所以我的教育言说，是分享给别人看的，更是写给自己的，本身也是自我修炼的一部分。我不是天生的暖男，从小到大脾气也不算好，当过很多年的"愤青"，而天性中粗糙和浑浊的成分也会时时困扰自己。但所幸育人之事能不断带给我反思。如果我对于教育有一星半点的领会，那就是在与自我的劣性搏斗的过程中得到的。所谓智慧，不过是从本能那里夺过来的一线机会，一缕阳光。

我对于"悦纳"两字的认知，就颇费心力。

说一下我以前的一点育儿经历吧。

当我试图给即将上小学的孩子做一点启蒙教育时，才第一次真正体验到了跟教师面对学生时相类似的诸般情感。教孩子的过程中无疑有陪伴的快乐，有发现的欣喜，但是坦率地说，也有很多时候我感受到的是烦躁、郁闷和深深的挫败感。也许是因为孩子还很懵懂，同时我自己又天资不美的缘故，在极其有限的一点教育时光里，我几乎犯了一个糟糕家长会犯的所有错误。

为了说清一个意思，我喋喋不休，聒噪不已，当发现孩子注意力早就飘到不知哪里去时，会发出一声断喝把他吓得一哆嗦。因为孩子对某个简单问题久不解悟，我会摆出一副不可思议的样子瞪着他，或者摇头晃脑、唉声叹气、皱眉闭眼，表示"无语"，而孩子正满脸无辜地看着我。我经常哭笑不得，有时气急败坏，甚至口不择言。那些让所有学生顶讨厌的话语一句也不少地从口里喷出："你怎么回事，啊？这么简单都不知道？""我已经讲了多少遍了，可你怎么就是听不进去呢？""再这样下去，从今天开始不准再玩××了！"

当我在一个稚子面前大逞其威的同时，其实有另一双眼睛在冷冷地打量着我自己：平日里说的那些漂亮话儿上哪里去了？不是说"高明的老师不生气"吗？不是说"用赏花的心情面对孩子"吗？不是说"三分教七分等"吗？不是说"最好的教育者是暖男"吗？不是说"要有矿石般的耐心"吗？怎么，那一套套的教育理念莫非都只是"空对空导弹"，或者只是戏台上搬演的无聊台词吗？

尽管一次次提醒自己，要控制情绪，要心平气和，可结果往往是失控。我的调门越来越高，口气越来越凶，用词越来越狠，表情越来越不堪……我成了自己厌恶的教育者。我不惜用各种言语碾压他，催迫他，打击他。那会儿我心里涌动着灌输的欲望——如果高压灌输能奏效我不会排斥；沉迷于完成的偏执——理所当然地把"未完成"状态看成是一种失败；甚至产生了责罚的冲动——如果责罚能让一个人开窍也未尝不可一试，哪怕他其实并无过错……这是多么可怕的思想！一不小心我们就会成为摧残孩子身心的人。

更糟的是，我越是偏离了我奉为圭臬的"教育的柔性智慧"，就越是痛苦，这痛苦中包含了对孩子的心疼，更包含了对自己的失望，没错，正如王小波所言，痛苦是对自己无能的愤怒。

我只是在很低的程度上理解了育人之难。关于教育，便宜话谁都会说，假把式谁都会耍，但在教育发生的真正的和唯一的现场，我们在黔驴技穷之后，在屡屡受挫之后，是否还有足够的底气说教育是一种"唤醒"，是否还能坚持"暖男"本色，是否还可以"静待花开"，是否还能舞出"教育的优美曲线"，才足以检验教育理念的成色如何。一位好老师和好家长除了天资优美外（天资更包括性情脾气等因素），还要有持续终身的自我修养。

在面对一个个具体的孩子时，谁都难以做到完全无分别心，毕竟人与人的个体差异是天生就有的，而不同的人本来就需要被分别看待。但智慧的教育者能够把每一个孩子都看成造化的杰作，所以能全身心地予以接纳，即便对那些调皮顽劣或天资鲁钝的孩子，也依然能够投以一种欣赏的目光，从而发现和催生、培育其优点，让他得以展示出自己独具的光芒。

我应当相信，老天不是随随便便让一个人成为人的，凡为人者自身必具完满性。每一个生命都是亿万个偶然铸成的必然。著名生物科学家饶毅在给北大毕业生致辞时说过一段著名的话，原话颇拗口，大意是，生物是奇迹，人类是奇迹，每一位学生都是值得珍视的奇迹。他在另一处也感叹过，从无生物到有生物、无核到有核、单细胞到多细胞……人究竟该如何被善待才对得起那漫长至亿万斯年的进化史啊！

但同时我更应当相信，老天不会随随便便让一个人成为人的，凡为人者必不完美，必有欠缺。因为有欠缺，所以有教育。因为不完美，所以有成长。教育者的心是柔软的，包容的，有弹性的。教育者的心里不该冒出"可怜之人必有可恨之处"这样的念头，而是相反，是要能看到许多人眼中的"可恨之人"也有可怜之处。而且这"可怜"不是居高临下的情感施舍，它是可爱，是可惜，是怜惜，是把自己也投入进去的共情。

台湾美学家蒋勋曾在演讲中说，他在《红楼梦》里读到那个最让人讨厌的贾瑞的故事，会感到心疼，感到心酸。所有人都觉得贾瑞活该死，因为他根本不配去喜欢那位大观园里的重要角色，他色心太炽，他自不量力，他自食其果。可是蒋勋说，一个卑微有过错的生命，就应该轻易被扼杀剥夺吗？在贾瑞这个人物身上，他读出了曹雪芹笔下"惊人的善意"，他的悲悯之心。或许我们每个人下意识里都自以为是近乎完美的贾宝玉，但在真实的境遇里我们其实更像那个贾瑞，嫌弃贾瑞差不多就是在嫌弃我们自己……当对于贾瑞这样的人都抱有一种同情和理解，我们的心才是最具教育者特质的，是柔软的、包容的、有弹性的，我们才能够做到始终把眼前的每一个孩子都看成值得爱惜和尊重的奇迹。

每个人都是一个奇迹，所以我们在教育孩子时无须攀比，不要去羡慕"别人家的孩子"，不要去迷信"神一样的存在"，不要偏执地去让孩子满足我们某个先验的期望，不要小看了他在此世界的唯一性和独特性，不要无视他身上正在悄悄萌发的每一个可能性，不要打击涌动于他体内的那一股自然生长的茁壮力量，要相信即便没有你的驱迫和压榨（或者说正因为没有你的驱迫和压榨），生命终将找到属于自己的出路……

想到过去一阵子自己对他的苛责甚至暴怒，我后悔至极。但愿今天的反思能够让我以后不再犯同样的错误，但愿我自以为已经沦肌浃髓的美好教育理念，不再只是装点一篇篇文章的修辞。但愿任何时候我面对他时，都能视之为一个奇迹，一个美好的遇合。庆幸吧，感恩吧，相信吧！就像孩子刚降生那一刻我们体会到的那种庆幸、感恩和相信一样。

　　我点开幼儿园发过来的一段MV，里面记录着孩子在园的点点滴滴。注视着那个蹦蹦跳跳的幼小身影，听着那首《我们都是好孩子》的配曲，我的心融化得一塌糊涂——就像《小痛爱》里幼儿园园长看到总是惹事儿的牛牛的背影时"心里软成一片"那样——以至于视线都显得模糊。歌手一遍遍吟唱：我们都是好孩子，最最善良的孩子……我们都是好孩子，最最天真的孩子。想起你薄荷味的笑，那时你在操场上奔跑，大声喊我爱你，你知不知道。

　　没错，爱的就是你，JUST YOU！就是你。只能是你。必须是你。

　　恰好是你。

　　沈从文曾说："生命单纯庄严处，有时竟不可仿佛。"但因为感到一个小生命是"属于"自己的，而自己承担着似乎无限的义务与责任，对其未来抱着不知哪里来的期待，并且又笃信"没有成功就不会有幸福"这样的论调，我们就会对之生出诸多不满，或者失望，好像不愿意"照单全收"似的。这就是没有做到"悦纳"。

对孩子来说，"一旦没有被心目中最重要的人接纳，孩子便会拒绝接纳自己，而这是扭曲的自我形象和自卑感的症结所在"。这跟学业成绩并没有太大关系。我采访过一个学生，高考全省前十名，但采访中我发现她一直很畏惧父亲，她说如果考得不好就会"心虚"。她也感到委屈，因为父母老拿她跟最好的同学比，故压力很大。高三时有一次考试得了全班第六名，她感到前所未有的郁闷。她父亲对我说，没有（学业）的成功很难有幸福。说实话，我不知道她现在幸福了没有。

有些感觉没有被父母接纳的孩子，自尊感偏低，表现上看是脾气好，其实是对自己没有要求，所以也缺乏上进的动力。苏霍姆林斯基说："我们是要唤醒孩子的自尊。如果孩子懂得了尊重自己，教师的要求就会变成他自己的要求，他就会不断地追求上进。"他对父母的要求也一样会变得更易接受，他要维护自己较好的形象。

教育心理学者认为，少年犯罪，虽然与学校教育失败或社会风气污染有关，但真正的原因则是出自家庭。"而家庭教育环境中，最能有助益于儿童人格健康发展者，则是自幼建立的亲子感情。"孩子如果能在家里感受到被悦纳，"在安定与持久的亲子日常生活中"形成对家庭和父母的"情感性依附"，产生归属感，那么即使在家庭以外遇到挫折，也会对一些不良的行为具有"免疫"能力。

悦纳孩子，其实是接纳自己。自己能感受到快乐的人，才可能把快乐传递给别人，给予别人，愿意别人从自己这儿得到快乐。这跟爱的本质是一样的，都是互相地给予和成全。悦纳，以及爱，就是一种完全的袒露，愿意无条件地"交出"自己，让愿望与现实和解，不做那种"自己是猪，望子成龙"（有人曾如此刻薄地指责把孩子送去做"电击疗法"的家长）的人，理性接受孩子可能目前成绩并不辉煌的状态（就像龙应台接受安德烈可能"比较平庸"的自我判断）。

这样的接纳，用一位学者的话说，并不容易，很可能会有"一场伟大而漫长的失眠"；凭什么我的孩子某科学习上就不行？一定行！于是就有偏执，就有压迫，就有死磕。人们总爱说"功夫不负有心人"，这句话从总体上来说是没错的，但也得看你有没有用对"功夫"。李清照有句诗："造化可能有偏意，故教明月玲珑地。"说的是造化也会有所偏爱，让月亮成为玲珑晶莹之地。人皆都有天赋之才，但不是每一个个体都有相同或均匀的天赋。所以我们才有"因材施教"这个教育的黄金法则。朱熹在给《孟子·尽心篇》做的注解里写道："圣贤施教，各因其材。小以成小，大以成大，无弃人也。"我们不但要接受和消化材有"大""小"，而且还要持续地相信孩子、欣赏孩子！

包括人在内的万物，秉性本有差异。但从本质上来说，任何一个来到世间的人都是造化偏爱的，是经过自然的优选的。如果仅仅从学业能力来接受一个人或否定一个人，那实在是相当可笑的。

我从小到大学习成绩一直名列前茅，但其实我知道自己并不聪明。比如，一二年级时，老师在课堂上要我们"把话听进去"。我放学回家后就让妈妈掏一下我的耳朵屎，觉得这样才听得进话。比如，我曾跟同学争论，因为我家跟外婆家是亲戚，所以我妈妈就嫁给了我爸爸，我以后的妻子只能从亲戚中间找。班上有兄弟俩，属于课堂上反应比较慢的那一类，后来留了几次级，辍学了。不过，这兄弟俩在某些方面的天赋简直是神了。比如，我们一同在沙滩上走，他们俩一定可以在大堆的鹅卵石中迅速发现鸭蛋或鹅蛋。如果掏了一窝鸟蛋，他们马上能告诉我这窝里住的是什么鸟。我们一起去抓鱼，他们中任何一个人的收获至少是我的十倍。一个猛子扎下去，我一无所获，而他们浮出水面时，却常常是手里抓着条大的，嘴里还叼着一条小的……在空间智能甚至身体运动智能方面，能文能武兄弟俩的禀赋要比我厚得多。少年闰土在大自然中的那份聪敏机智，不是完全迷住了以鲁迅自己为原型的那个"我"吗？

我们做家长的如果真的认真地而不是选择性地回望一下从前，可能会惊出一身冷汗——原来我并不像我以为的那么优秀！哪怕三好学生的奖状贴满墙，也掩盖不了自己的平庸。我们都有过一个"狗不理""讨人嫌"的年龄，我们都偷吃过东西，都撒过谎，都违反过纪律（如果有人拥有完美的童年，请忽略我的"指控"）……只不过那时候没有家校联系本，更没有随时随地报告"劣迹"的QQ群、微信群。但我们都欣然接纳了自己，而且总体上成长为一个努力而善良的人，那是因为几乎无暇管我们的父母，都无条件地悦纳了我们，虽然也有打骂，但并没有逼迫着我们在升学考试的"独木桥"上死磕。

现在很多人都在骂熊孩子。近来有一条新闻，公交车上一成年男子，在受到旁边一熊孩子不断骚扰挑衅后，情绪爆发，狂摔小孩子并且猛踩其头部。而无数网友对此的评价是："活该！"面对熊孩子种种失范的举动，管教是一定要有的，让孩子学会遵守规则、尊重他人等是帮助其成长的必修课，只是不能粗率地使用暴力。

要帮助熊孩子改掉坏毛病，关键是要让孩子家长真正认识到问题所在。可我们看到的情形经常是这样的：一群人聚会，餐桌上有个熊孩子无法无天、恣意妄为，家长不管不顾，只知道拼命给孩子碗里夹菜，菜堆得都满出来了，孩子也不吃……果盘上来了，孩子伸手就去抓西瓜吃，吃了一块又一块，而每块西瓜都只吃了一丁点"尖儿"就随手丢弃了。目睹这一切，家长也不管。而同桌吃饭的人呢，大概碍于熊孩子父母的面子，也不好意思当面指出。反倒还在那儿夸孩子"可爱"，说"孩子嘛都是这样的"，甚至还假意道"调皮的孩子聪明呀"，诸如此类。当家长抱着熊孩子离开，大伙儿才开始纷纷吐槽，满是厌弃，可一等家长带着熊孩子回来，满座又沉默了。熊孩子没有得到管教，更可惜的是熊孩子的家长没有机会认识到自己教育方式有问题，还真的以为孩子这样的表现很招人爱呢。我以前写到过，每一个不讲规则、不懂自律的熊孩子背后，往往有一个鼓励或纵容孩子"耍赖"的家长。对于家长管教方式上的缺陷，旁人应该直陈其非。否则，事情真的会往最糟糕的方向发展：某一天，有位实在受不了熊孩子的暴脾气的人悍然出手，代为"管教"……

而我们可能都没有反思过，小时候自己可能就是个熊孩子，只不过长大以后的记忆被美化了——甚至会津津乐道于小时候绕过大人或针对大人干过的各种坏事。王刚自曝小时候顽劣不堪，王朔说他们整群人小时候简直暴虐成性……日本教育作家河合隼雄在《孩子与恶》一书中，采访了大量日本名人或成功人士，请他们回忆小时候数不胜数的"恶"事。作者甚至隐约得出了这么一个结论：小时候调皮捣蛋的坏小孩，更有可能做出一番事业。这其实就是好多人喜欢挂在嘴边的"小时候调皮的孩子长大了更有出息"这句话的翻版。书中还引了这么一句话："一切善良都不可能创造，因为善良太缺乏想象力。"这有些像是厚黑之论，实不可取。但我确实觉得对于孩子的调皮、顽皮，还是得有一定的接受度、宽容度，要学会梳理，而不是一棍子打死或恨不得掐死。"皮"是孩子的天性，一些很烦人的表现是他们与世界刚刚建立起来的对话方式。我们不能把"熊"孩子变成"瘟"孩子。我还一直认为，男孩子需要保留一点野性——就是《小舍得》中夏君山觉得不该舍掉的"野性"。

我们还是太希望每个孩子都是"乖宝宝"了，习惯性地把"不乖"的都看成熊孩子，是坏小孩。

总之，要有管教，也要承认孩子之间的差异性，要接受人在本体论意义上的不完美！史铁生说，有所不能，即是残缺。不完全乃是存在的真相。但——

"小以成小，大以成大，无弃人也！"

不放弃，是源自内心的对孩子的爱，而不是执着于自己的不甘心，尤其是不甘心在学业上的落后于人。虽然好像每个人都知道这样的道理：人是跟自己比的；要做最好的自己；最终成绩无所谓，努力就好……但是，说真的，往往只是嘴上说说而已。结果，就像一句法国谚语说的一样："更好"总是输给"最好"。

不放弃，是指孩子某些方面表现都不够理想的时候，父母选择相信他能做好自己。苏霍姆林斯基说，任何时候都不要让孩子对自己失望，不要让孩子觉得自己生来无用，是个注定会失败的人。不放弃，既不是随便扔一个iPad给他，也不是像个监工一样，用高压、死磕甚至施虐的方式去对待他。这样的做法，本质上都是一种"放弃"，前者不再有任何要求，后者呢，只会让孩子厌弃亲人、厌弃自己——就像《小欢喜》中的季扬扬，别人都以为他"骄傲"，唯有他自己知道是"自卑"。

家长不存放弃之心，孩子才不会放弃自己。孩子是敏感的，来自老师和父母的一丝放弃的眼神，他都能捕捉到。记得在一个采访卢安克的节目里，柴静问一个男孩为什么演某个角色，男孩都答不知道，几番下来，柴静知道问不出什么，就对卢安克说"可以了"。没想到这时男孩突然号啕大哭起来，肚子也痛，令柴静手足无措。感觉被别人放弃的滋味一定很不好受吧，身心一体，心里伤，身体也会痛。

要相信，孩子的天赋是不均匀的，而且他们也并非匀速成长的。不要追求表面化的"天天进步"，要看见孩子身上不太看得见的变化。哪怕只是学业成绩吧，很多一开始落后的孩子是更有后劲、更有潜力的。我们可以把现阶段的滞后看成是起跳前的助跑。就像毛尖草的故事的寓意一样，你看它这么久都没有长高，但是雨季到来时却疯狂地往上蹿，成了草地之王；你以为它没在长的时候，它在"你看不见的泥土下面，用几个月的时间长出了几十米的根。这个鸡汤味浓郁的故事，确实可以给我们一些启发。苏霍姆林斯基谈到过这方面的问题，他说，某个问题，学生可能一年都弄不懂，但有那么一天突然懂了，这种"恍然大悟"（"思维的觉醒"）的内在的精神力量，是在儿童的意识里逐渐积累起来的。所以他说了这么一句话：

"任何时候都不要急于灰心失望。"

接纳，并不意味着不改变。记得在德语里，"教育"有建筑自己的意思。中国传统文化也一样强调"变化气质"（吕大临语），朱熹则谓：人要"变其不美之质"，不能因为一时之间不能变，就说"天质不美，非学所能变"，这是一种放弃，"是果于自弃，为其不仁甚矣"。弃人与自弃是一回事，放弃使别人变得更好，也就不能使自己变得更好。育人者当深识之！

命运不是别的，命运是身边的人。家长就是孩子的命运。家长懂得孩子的成长心理，尽可能恰当地照顾其需求，会不断尝试沟通，善于倾听和理解，知道与人共情，那么孩子就是有福的。家长只相信棍棒，只知道责骂，只会唱"考试歌"，只会念"紧箍咒"，只会在或放纵宠溺或死命管束的两个极端荡秋千，那么，孩子就一定是不幸的。

生活中没有人拥有支配另一个生命的绝对权利，即使有一些所谓"成功"的案例，即使用"我是为你好"的名义，也不要轻易挥舞那一把貌似"管用"的戒尺。

我常常感到疑惑，为什么？

喜欢独立思考的小孩，常被叫作怪胎。

喜欢发表意见的小孩，常被说是捣蛋。

喜欢躲在角落的小孩，常被说是孤僻。

喜欢站上舞台的小孩，常被说是爱现。

大人常常抱怨小孩让他们头痛，

但他们相信吗，他们也常让小孩头痛。

这是几米漫画里的句子。孩子的心声，你听到了吗？

惩罚与赏识，请尝试用"陌生人"法则

季扬扬还没来得及打招呼，就被爸爸一把攥了过去，然后脸上挨了一耳光，"啪"。

季扬扬像一头小牛，跟他爸扭在一起拉扯着。

儿子说，让你丢脸了，你打吧，让你打。

爸爸气得七窍生烟，说，我这条命，总有一天会被你气死掉的。

——《小欢喜》

伊伊对爸爸说，罗老师说的是你要给我好心情，你每天骂我，越骂我越笨。

李良生说，坐在你边上看你写作业，你以为我受得了，我都要得心梗了，换谁谁都会抓狂。

伊伊尖声说，不要你管，不要你陪我做作业。

……

他差不多要呐喊出来了："你为什么这么恨我？"

是的，恨意，莫名其妙、不知所向的类似于恨的情绪。

瞬间的心堵，让他失控地伸手过去，给女儿伊伊一个巴掌。

"啪。"

——《小痛爱》

冯一凡看到了妈妈拎着一只大包在小区门口打车的背影。

她纤瘦的背影，站在灯光照耀、夜深人静的"书香雅苑"法式大门前，显得有些孤单，和悲哀。

冯一凡这么看过去，当然觉得夜色中的她有些可怜。

……这么想，冯一凡鼻子里就突然发酸。

——《小欢喜》

对冯一凡来说，老爸冯凯旋虽让他觉得不自在、不靠谱，但你要说他这儿子有多看不起他，倒也没有。

冯一凡也会有些可怜他。

这一天，儿子看到了当司仪的冯凯旋，像在看一个梦境。

他都快哭了。他感觉自己不经意间掀起了窗帘的一角，这最熟悉的陌生人。

后来，他鼻子发酸，眼泪夺眶。

他也不知道自己为什么会哭，

可能你也会，因为反差。

——《小欢喜》

虽然我一直主张"教育是柔软的"，甚至被人讥嘲为"妇人之仁"，但我并不排斥必要的批评、训诫和惩罚。在我的观念里：悦纳，绝对不是宠溺；正如柔软绝对不是放纵。但是一切的惩戒，都应该是得当的。而且惩戒的目的，不是为了让孩子心生害怕和恐惧。我们还是应追求如雷夫所说的"没有害怕的教育"。

从小到大，我也受过一些惩戒。

为了让我保持坐姿端正，父亲曾经拿来一根筷子，顶在我的下巴和桌面之间。这个动作并不暴力，但哥哥和弟弟都在一旁窃笑，这让我很丢脸，眼泪"吧嗒吧嗒"往下掉。

有一回帮家里收稻谷的时候，不小心撒了一些到外面。为了逃避父亲的批评，我用泥土把那些稻谷盖起来。父亲发现后痛责了我一番，不是为撒了稻谷，而是为我的不诚实。

因为与兄弟打架，多次被妈妈责令写检讨书。有一次还被关在门外，当时广播里正在播放《十五的月亮》这首歌，而天上恰也有一轮圆月。我一边想念在外地做生意的父亲（盼着他回来解救我），一边用模糊的泪眼"赏月"。

还有来自老师的责罚。

三年级时因为上课不专心，被老师的粉笔头精准打击。五年级时因为在课文《幸福在哪里》的题目上擅自添加问号，挨了语文老师一个"爆栗"（指关节凿脑袋）。还有一次是跟一群同学一起到老师办公室看批好的试卷分数，桌上的红墨水被打翻了，不是我干的，但老师过来就给了我一个"爆栗"——也许是我平时比较顽皮，让他确信此劣行非我莫属。

初一时，一个代课的体育老师在课间要我手里的球拍，我一时没给，他上来就是一个耳光，"啪"。

初三时，课间我在走廊里跑来跑去，差点撞了老师一个满怀，他眼睛一瞪斥道："猢狲一样！"

高中时，傍晚放学后，我因为肚子饿在校门口买了一根玉米，还没吃呢，一个正在检查纪律（规定不许买零食）的陌生政治老师大发威风，揪着我的耳朵就把我拖到了办公室，认识的老师惊呼我是全校著名的品学兼优生后，他讪讪离去……

这应该是我受到过的全部责罚，当然也可能有几桩遗漏。看来挨罚还真是长记性啊，时隔几十年我依然没忘。

中学里被打耳光和被揪耳朵，被我视为平生所受的奇耻大辱，至今不服，并轻易不愿提及。

责罚或惩戒（但体罚除外）是教育手段之一种，我绝不否认。尽管是孩子，尽管几乎每学期都是"三好学生"（回头看这"三好"挺勉强啊），但也得为自己的行为承担后果。合情合理的责罚是必要的，可以帮助我认识错误，遵守规则，检点行为。但有的责罚却是建立在冤枉人的基础上，又带着满满的恶意，它们只会让我心生厌恨。

对于家庭里的所有责罚，我全都认账。即使我挨打挨骂了，我也从来不怀疑自己是被疼爱和接纳的。我说过，人都是挣扎着长大的。总要犯过一些错，闯过一些祸，挨过一些骂，受过一些罪，才能成长为一个像模像样的人。

但是所有的惩罚，都应该有一个理性的尺度。恰当的批评惩罚就像"雷霆雨露，皆是春风"（曾国藩语），就像"沾衣欲湿杏花雨，吹面不寒杨柳风"（释志南诗句），并不是带着恶意要让孩子心生恐惧害怕。施罚者一定要心怀慈念。据说，当年做父亲的曾点曾经打昏儿子曾参，而孔子对此的评价是"小杖则受，大杖则走"，孩子面对吓人的"大杖"，要赶紧逃。

苏霍姆林斯基说："如果孩子因为惩罚而常常受到恐惧、痛苦、羞辱的折磨，他内在的、天赋的自我教育力量就会渐渐衰弱。惩罚越多，越残酷，自我教育的力量就越小。"而且会导致心灵的粗野、道德上的厚颜无耻和对美好事物的麻木。所以家长必须"明智而又有分寸地使用家长的权利"。①

我前面说过，因为害怕受到惩罚，孩子会失去安全感，从而失去专注力，也就是伊伊的老师、爷爷奶奶都说过的，"越骂越笨"。人的确是会被拙劣的管教、陪读方式弄笨的。俞正强校长也说，学生怕受罚，很紧张，就变笨了。

现在许多家长都信奉"戒尺的力量"，网上据说也能买到各种各样的戒尺。我不否认戒尺是有意义的，但打下来的尺子（Ruler）要遵循章法和规则（Rule）。"戒尺"就是规则，规则就是理性，拿着戒尺的人如果在暴怒中施以惩罚本身，那本身就有违规则理性。

---

① 苏霍姆林斯基：《给父母的建议》，长江文艺出版社，2017年出版，第50页、62页。

糟糕之处就在于，家长对孩子施加惩罚时，恰恰多在生气发怒时，在情绪失控时。比如，季扬扬的爸爸打儿子那个耳光，正是在盛怒之下。说来好像是这么回事：不生气不发怒，谁惩罚孩子啊？

最亲的人之间伤害最多。

在孩子面前，成人特别能体会到自己的权威感。能力再逊的人、性格再弱的人，都可以在孩子面前抖威风、扮聪明，满足自己操控欲望。我承认有些孩子在棍棒教育之下最终"出人头地"了，但一定有更多在强力高压下成长的孩子走上的是另一条黯淡、畸异甚至悲催的道路。我们不能用几个所谓"成功"的特例来反证某种较极端做法的充分合理性。

这样的想法逻辑上是存在谬误的，叫"幸存者偏差"。

父母盛怒之下打骂孩子，有一种要把孩子全面置于自己控制之下的过剩欲望，一种要用孩子的"成功"来美化自己平庸人生的代偿心理，一种在教育中只知道用强而不知道示弱的偏执倾向，一种对孩子自身作为一个个体有其尊严需求的彻底漠视，一种依赖肢体惩罚去建构孩子行为规范和激发学习驱动力的简单粗暴……

两种方式特别容易毁孩子：一种是冲动之下施以惩罚，这种惩罚名义上是"为孩子"，其实是大人在发泄自己的情绪，是一种真正的自私。如果屡屡面对这样的打骂，孩子会被恐惧感压得喘不过气来，别说成才，成个心理健康的人都难。还有一种就是盲目的溺爱。溺爱其实不是许多人理解中的永远都赏识、永远都"护犊子"，而是——先是"宝贝宝贝"地宠着，但不合意了却又打又骂，然后在孩子哭闹了以后又是加倍的哄劝和更大尺度的放纵，如此，溺爱的模式算是建立起来了，孩子直觉到怎样的行为方式是有利于他自己"得逞"的，就这样最后孩子如脱缰野马而父母只有顺从和叹息的份！

责罚孩子，恰恰不能在气急败坏情绪失控之时。

因为很容易演变成体罚甚至家暴和虐待，程度严重的话已涉嫌违法，且悲剧往往发生在这样的时候。

几年前，杭州有一位保安，看到放学回家的女儿在抄同学作业，顿时怒上心头，把女儿捆绑吊在了自行车棚里，没想到二十分钟后女儿就窒息身亡。

情绪失控时施以惩罚危害极大。一是容易留下心理阴影。实现了一个显性的小目标，但是有可能在心理上埋下了一个隐性的大创伤——你可知道挨打（尤其是当众受辱式的挨打）会在一个人心里播下多少仇恨和敌意？你可知道屈辱在哪种意义上会转化为发愤的动力，又在何种情形下会变成撕碎一切的冲动？二是容易"失手"酿成真正惨剧。暴力家教的可怕之处，在于它跟家庭暴力一样，是不可逆的。估计没有家长会一开始就下狠手，但当发现轻微的责罚无效或低效时，施暴者会层层加码，这样，对于暴力的依赖性就越来越大；而同时孩子对于暴力语言和行为的耐药性或免疫力也"水涨船高"，施暴者就会继续加大力度、加大"剂量"，直到完全失控，发展到丧心病狂的地步。人啊，不要太相信自己的控制力，不要太低估本能的力量，一旦把自己身体的魔鬼放出来，就很难再收回去了。你会大吼大叫，你会面目狰狞，你会变得不认识自己。《红楼梦》里贾宝玉差一点被父亲打死那一回就是这样。

暴力家教之不可逆，之"成瘾性"，都会让所谓的"教育"演变成一场灾难。孩子会越来越走向家长期望的相反方向，哪怕去"行走学校"或接受非人道的"电疗"也无济于事了。

我曾经细究过傅雷先生的家教。

傅雷母亲虽然堪称伟大，但她在教育傅雷过程中采取的严苛态度和极端手段，却令我震惊。比如，有一回，因为傅雷贪玩，母亲竟把他兜在包袱里冲到河边试图溺毙他，幸被及时赶到的邻居劝止。这样的举动当然有作势吓唬的成分，但即便是"演"，也已足够骇人了！还有一回，冬夜温课时，小傅雷不够专心，其母竟然在铜板的方孔中塞上蜡烛头，点燃后将其贴到傅雷的肚脐眼上……流动的滚烫的烛油，烫得傅雷哭喊"救命"！这简直是"点天灯"的节奏啊，不知傅雷母亲何以会产生这样的凌虐"灵感"，想来令人悚然。此外，为了表达对不懂事的儿子的失望透顶，像拿出绳子要上吊这样亦真亦假的戏码也有上演。

　　坚强的母亲对于儿子有所期待，望子成龙，实属天经地义，但是像傅雷母亲这样几乎不惜用一切手段来吓阻、震慑、鞭策孩子发愤用功的范例，似亦并不多见。傅雷母亲那股子要把儿子培养"出息"的念头是如此执着而顽强，与之相匹配的行动也是那么执拗且疯狂，这其实已经是一种病态。

　　作为对母亲严厉管束的回应，傅雷表现得毫不含糊。傅雷小学时因为"顽劣"被南洋中学附小开除，初中未毕业时又被一所教会学校徐汇公学开除……从他自己在19岁那年写给母亲的一段文字中可知，母亲管得越紧，他挣扎反抗得越强烈！"常常为了一些小事和您争闹，有时竟闹得天翻地覆，不可开交。我只管使性地为了您束缚我而反抗，而怒号，而咆哮。"这母子俩的较劲真像一场搏斗厮杀，他们互相把对方"训练"成了更迷信强力、更火爆也更具有"威力"的人。

暴力化的家教结下的必定是苦果，哪怕那果实表面上看起来光鲜，内里却可能已经腐烂。

傅雷在翻译上取得了很大的成功，但他长年来养成的古怪易怒、孤傲自重、偏执狂暴的性格却未必能给自己和他人带来幸福，而这种幸福能力的缺乏与过于严苛的、暴力化、惩戒式的成长环境、教养方式不无关系。《傅雷传》的作者金梅也认为，傅雷为了一点小事动辄暴跳如雷、突然发作，大概就是其母教育方式造成的"负效应"。

与其母亲相仿，傅雷也总是要把自己的意志施加到孩子身上，倘不成功或打了折扣，给孩子的就是一通怒骂、一顿殴打之类。傅聪到11岁时，对父亲的管教极度逆反，不想再弹琴，直到上大学后又重新捡起来。可几年后，20岁左右的傅聪又在傅雷的强力打击之下离家出走。对于次子傅敏，傅雷也表现得相当粗暴，尽管傅敏同样有着惊人的乐感和强烈的学音乐的兴趣，但傅雷却逼着他放弃音乐梦想。

偏执是一种心魔，教育中的偏执往往表现为控制欲的泛滥，表现为以"结果导向""目标导向"为唯一价值。偏执者为了达成一个很小的教育目标，往往不惜动用威逼利诱等手段，目标也许达成了（如背下了一篇课文，弹下了一支曲子），但在过程中孩子得到的全是负面情绪体验，付出了极大的情感损耗，完全是得不偿失。

傅雷这种暴君式的家教为什么最终没有毁掉傅聪？我深信不疑的一点是，如果傅雷身边没有那位充满柔性智慧的、能在暴风骤雨中营建情绪避震带和心灵庇护所、能在专制的偏执者频频发作的歇斯底里中为孩子寻求容错空间和喘息余地的母亲朱梅馥，傅聪的灵性和才情恐怕早就被傅氏教育碾碎了。

"我这么做是为你好！"

惩罚孩子时父母喜欢说这句话。为孩子改掉坏的习惯、养成好的品格、学会做人做事，这样的"为你好"无可厚非。可很多时候，这句话是可以这样翻译的："我要让你表现得如我所希望的那么好（尤其是在学业上）。"如果做不到，惩罚冲动就不可遏止，满腔怒火就呼呼往上蹿，不大骂痛责一番，自己心里就憋得难受，这时候的惩罚就是一种发泄，本质上是为了自己的。

"如果你不是我的孩子，我才懒得管你，我也不至于这么生气！"

这也是家长特别爱说的一句话。没错，因为家长对孩子负有无限责任，因为亲子之间有着一天天建立起来的"我中有你，你中有我"的关系，因为父母与孩子之间有着永远纠缠在一起的命运感，家长很难对孩子的表现保持淡然的态度。但也正是基于这样的心理，最亲的人之间才会有肆无忌惮，才会有理所当然，才会有最多最深的伤害，才会有让人心生悲悯的"相爱相杀"。《红楼梦》里的宝黛之恋就生动演绎了这种"有爱才会有伤害"的感情。

所以有的丈夫为了妻子在辅导孩子时能够留点情，每天特别支付200元，让妻子心理上觉得是在辅导别人的小孩，从而能够hold住自己一点。这也是一种陌生化。

中国一些自己是相声、评书、京戏"名角"的人，很少亲手教自己的孩子学戏，而是与相熟的同行"易子而教"，这样教的时候会更理性一些。

近年来，声誉日隆的世界级女指挥家张弦，很明确地表示不会亲自教孩子音乐才艺，因为教孩子学钢琴会影响母子感情，自己是高手的她却找了别人来教。

记得听到过这么一句歌词，"I would rather be a stranger（我宁愿成为陌生人）"，陌生人之间是有边界的，陌生人之间不会有莫名的伤害。亲子之间的亲缘是注定的，但在相处时，尤其是在责罚孩子时，家长能不能给自己一个强烈的心理暗示，告诉自己，如果此刻你所面对的只是一个陌生人，你是否骂得出口，是否下得去手？也许你会有所顾忌，会有犹豫和妥协，会有转念和反思，会有商量和约定……一句话，你不会过于放肆，反而会有克制。

所谓理性，就是边界。

我们与孩子之间永远都不会是陌生人，但如果心里持有"最熟悉的陌生人"这一信念，我们是不是会变得更有理性，更有分寸，更讲尺度？

有一位在电视上侃侃而谈"三天一顿打，孩子进北大"的"狼爸"，其做法值得商榷。但我认为这个"狼爸"并非一无是处。非常重要的一点是，"狼爸"虽然打孩子，但他惩罚孩子时的态度总体上是理性的，也就是说他并非在气急败坏、情绪失控时暴打孩子。所有的责罚发生之前，父子之间都有明确的约定，在孩子违反约定之后要"算账""认账"。所以惩罚时，父亲更像一个严明公正、坚持原则的执法官，而孩子则是主动承认过错并且领受责罚的一方，他心服口服。如果说这位"狼爸"的做法中有什么"合理性内核"的话，那就是他的惩罚机制并不遵循"施虐—受虐"模式，他知道规则、规矩在孩子不得已接受和应对暴力时的功用和价值。而且，因为惩罚是在理性掌控下进行的，所以家里的氛围估计也是风平浪静。这位"狼爸"称这样打孩子"打得科学"。正是基于"心慈手狠"这一点，他才没有最终毁掉孩子的人生。——但无论如何"科学"，体罚终究是不高明的。以身示范、让孩子从被动变为主动、学会示弱、建立有效沟通方式、赏识到位、适度惩戒……好的教育始终需要一份从容、耐心和智慧，要少一点"狼性"。

这位"狼爸"在实施惩罚时，与孩子之间的关系就像"陌生人"。在这个过程中，不要有太多的东西牵扯进来，不要有太多的"潜台词"：

"我付出了那么多时间精力，你却完全不知好歹！"——打！

"我辛辛苦苦挣钱容易吗？这些钱花在你身上还不如喂

狗！"——打！

"我小时候是没机会读书，结果没考上好大学，现在只能打一份可怜的工，混成这般谁都看不起的模样，你还不争气！"——打！

"你看看别人家的孩子，老早就知道帮父母分忧，知道自己用功，可你却一天到晚只知道玩！"——打！

"你让我在朋友同事面前抬不起头来，脸都给你丢尽了！"——打！

怨气越来越重，下手也越来越重。一次责罚，演变成了对老天不公的埋怨，对前世不修的悔恨，对现实困顿的报复性反弹，对自己整个失败人生的一次错误归因和彻底清算，但是鞭子却落在这个"罪魁祸首"身上。

"陌生人法则"是不需要这些缠夹不清的"潜台词"的。家长与孩子之间按照约定和规则来，做到了有奖；做不到受罚，清清楚楚，明明白白，划好底线，守住边界。而且坚持一事一罚，当下认取，不搞数罪并罚算总账，也不翻旧账或秋后算账。不指桑骂槐，不怨天尤人，不诅天咒地。不说"诛心"之话，不喷羞辱之语。不迁怒，不自怜，也不伤害自己。总而言之，这时候不需要太多的别的因素掺和进来，要让感性如潮水般退去，让理性和规则的礁石挺立起来。

当拥有了"陌生人视角"，我们与孩子彼此之间甚至会有更多的赏识。

《小欢喜》中，冯一凡受不了妈妈朱曼玉的同住陪读，把她"赶出"了出租屋。当被嫌弃的朱曼玉连夜收拾衣物离场时，冯一凡无意中看到了拎着一只大包在小区门口打车的背影。儿子突然觉得夜色中的妈妈有些可怜，他鼻子发酸了。

他还忽然觉得老爸有些陌生了，"好像有些眼熟，但其实是生疏的，有些远的"。冯一凡也有些可怜起他来。

后来在酒店大堂里，他发现了老爸偷偷在当婚礼司仪的秘密。那一刻，他感觉老爸像个陌生人，然后他哭了。

父母与孩子之间，如果用一个陌生人视角去打量，会有不一样的感受。他们彼此之间的不喜欢，很多时候源自对自己的不喜欢。就像我们讨厌别人身上的某些特质，正是我们自身也具有但却努力想要抑制的东西。亲子间的关系太亲密了，性格和思维方式上的共性也很多，他们会因为在对方身上看到自己的缺点而感到不快。人啊，就是这样，越是互相在意的双方，就越容易彼此施以伤害。

在适当的时候，不妨把亲密的人看成陌生人。因为太亲密了，你会觉得对方身上的一切特质都已不屑一顾，你会觉得对方所说的一切话都是陈词滥调，你会觉得对方付出的一切都是天经地义……在一种已经模型化、程式化的感受和思维的惯性里，你听不进话，动辄发脾气，烦不胜烦，你陷落在自己的主观成见之中。

德国布莱希特提出过一个重要的美学原则"陌生化效果"或"间离效果"，演员和观众都并不完全投入或沉没在角色里，就像有另一个"我"跳出来看待彼此的关系，因此能获得全新的视角一般；在诗学中的"陌生化效果"也能让人摆脱惯常化、套路化的视角而拥有全新的审美体验。在日常生活中，如果尝试从陌生人的视角观照对方，你会摆脱惯性化认识的偏执和麻木，会过滤掉主观上已经根深蒂固的那种恶感。比如，冯一凡一直很反感母亲的强势，那天晚上却看到了妈妈的"孤单"和"悲哀"……大家都知道朱自清的名篇《背影》，朱自清远远地看到父亲笨拙地爬月台的形象而忍不住流泪，就是因为他不期然地从另一个视角感知到了父亲的艰难，之前笑父亲迂、嫌父亲烦的心理顿时消弭于无形。这就是美学上的"陌生化效果"。冯一凡在与妈妈争吵并且逼着她

"离场"之际，在深夜的小区门口，看到了强势妈妈卑微、无奈、脆弱的一面，陡然发现了这个"陌生人"其实心里充盈着对自己的爱——"他心里也知道她对他的好，知道她又没钱，省得要命，心思全花在他身上，又不讨好，还要管林磊儿这个小可怜，与老公关系不好，又整天手忙脚乱的样子，到底在操劳啥都不知道……"（《小欢喜》）

有的妈妈在痛责孩子以后，会一边流着泪一边拥抱孩子，这让孩子获得另一个陌生视角看妈妈，从而萌发改过和发愤的决心。

当获得了陌生化视角，孩子会发现，在家庭关系里，原来真正弱势的不是自己，而是父母！虽然父母爱孩子的方式不一定正确，但爱是始终存在的；可如果父母发现孩子不爱自己、嫌弃自己了，那他们就真的一无所有了。这也是为什么，当一直让父母操碎心的孩子忽然有一天懂事了，长大了，会体谅人了，能说出几句温暖的话了，父母一听之下常常会涕泪滂沱。

陌生人的视角，让父母与孩子之间重新发现对方，"看见"被亲密关系遮蔽了的爱。

看见，就懂得。

画家黄永玉带着表叔沈从文回老家湖南凤凰县时，两人闲谈，黄永玉说："三月间杏花开了，下点毛毛雨……我总想邀一些好朋友远远地来看杏花，听杜鹃叫。有点小题大做……"闭着眼睛躺在竹椅上的沈从文是怎么回答的呢？——

　　"懂得的，就值得。"

看不见的成功，就是生命的成全

　　一场"星光少年"风波。同学投票，颜子悠第一，班长赵琳第二，夏欢欢第三。但张雪儿老师考虑到"关心集体、乐于助人"等因素，把关键一票投给了欢欢。结果惹出了一大堆事儿。尤其是家长们的闹腾，最后倒逼得这些学生之间也别扭起来：QQ群冰冻了，"故事接龙"中断了，欢欢甚至都不想去上学了……

——《小舍得》

　　培养理想的接班人，就是培养"无法想象的人"，而不是完全符合既定经验的人，冯一凡，你相信自己就是那个"无法想象的你"吗？

——《小欢喜》

这个晚上，爸爸对于他未来做什么，好像没什么特定的期待，微微笑着，说，有得当公务员医生科学家当然好，但如果没得当，那也没关系。

这个晚上，爸爸说，种田也没什么不好。

这个晚上，爸爸说，不要学得太苦，不高兴了，就快快回家，跟爸爸一起种香菇。

这个晚上，爸爸说，小姨不容易，好心肠，要一辈子对她好，向她学。

……

——《小欢喜》

在鲁引弓"教育四重奏"中，我认为教育价值观最正的是林磊儿的这位"香菇爸"。他没有因为自己境遇的相对不佳而强迫儿子去实现阶层上的"咸鱼翻生"，没有像城里的那些中产家庭一样为升学而焦虑不堪，夜不成眠，甚至花招百出。他的淡定、从容、达观是这个浮躁世界的一股清流。他就是"于任何匆忙境界里都有余裕"的人，跟他在一起，你内心会得到难得的宁静，吃得香，睡得香。

我一直认为，身为家长，我们也得有一种洞察力，不要被某种"标准"意义上的所谓成功观、成才观带跑了。孩子升入北大清华、成绩排到前面之类，固然可喜，但这不是衡量人的发展的唯一维度。这个维度太单一、太刻板、太表面了，远远不足以囊括人的发展的丰富性和"弹性"。

我更愿意把人的发展归结为追求一种"成全"。

成功（success）所对应的往往是一个人所取得的成就，体现为财富、地位、权力、荣耀等，它们是显性的，是为他人所渴望的；成全（fullfillment）则不然，它更多的是指生命个体通过充分的生长而获得自我实现，得到自我圆满；它符合的是人之为人的内在要求，其价值不需要他人的授予，而是自我负责的。

所以说"成功"招来的往往是"羡慕、嫉妒、恨"，而"成全"内蕴的则是"自由、创造、爱"。

教育追求生命的成全，其实就是追求一种未必看得见的成功。

正确的教育价值观，跟科学的政绩观有相似之处。习近平指出："要牢固树立正确政绩观，既要做让老百姓看得见、摸得着、得实惠的实事，也要做为后人作铺垫、打基础、利长远的好事，既要做显功，也要做潜功，不计较个人功名，追求人民群众的好口碑、历史沉淀之后真正的评价。"他把这种境界称为"功成不必在我"。相形之下，教育作为一项以立德树人为根本目标的事业，更应该学会"做铺垫、打基础、利长远"，更应该懂得做"潜功"，更应该追求一个人的终身发展、人格完善、自我实现。

功成不必在我，火树银花处不必有我。佛典讲"福不唐捐"，胡适先生特别欣赏"功不唐捐"。"成功不必在我，但功力必不唐捐。""没有一点努力是会白白地丢了的。在我们看不见想不到的时候，在我们看不见想不到的方向，你瞧，你下的种子早已生根发叶开花结果了。"

看得见的是分数，看不见的是悄然生长的能力。

看得见的是排名，看不见的是背后付出的努力。

看得见的是证书，看不见的是内心里涌动着的探究的兴趣和激情。

看得见的是学业上的骄傲，看不见的是即使卑微也依然葆有的善良。

看得见的是名校金字招牌的荣耀，看不见的是哪怕被轻视却终于找到自己生命出路的那份欣喜。

看得见的是功成名就、花团锦簇，看不见的是一个生命在寂寞孤独中面对各种命题时的隐忍和坚持……

诗人说，苔花如米小，也学牡丹开。可是苔花为什么要学牡丹开呢？听上去很励志，其实挺别扭。苔花不必去追求牡丹那种傲人的"成功"，做好自己就是一种"成全"。所以我一直认为，袁枚这首诗中，最值得人们去欣赏和推崇的，其实是前面两句："白日不到处，青春恰自来。"即使阳光那般悭吝，即便全世界都没看见，不要紧的，对任何一个生命来说，只要绽放出那片小小的绿意，也就拥有了整个春天。

我们不要太急着采摘枝头的果实。教育过程中，我们还远远没到看见果实的时候。教育是面向未来的，更需要的是耐心作铺垫，打基础，做潜功。如果幼儿阶段急着想看到成果，小学阶段急着要看到成功，中学阶段急着要看到成就……那倒有可能揠苗助长，竭泽而渔，等到真正要有成功的时候，才发现潜能已耗光，兴趣已泯灭，探究的内在欲望和攀向高阶思维的可能都已消磨在题海之中，丢弃在追逐分数名次的窄门之外。

我们常说要为孩子的终身发展、为他们一生的幸福奠基，就是要作铺垫、打基础、做潜功，做无数看不见的事情，不是做给别人看，不是满足自己的虚荣心。

想到了印度电影《三个傻瓜》。剧中讲了两种人，两种人生。

一种是为了探索发现，为了自己饱满的激情，遵循自己的内心去学习真知，那是兰彻（以及受其影响和点化的另两个"傻瓜"）的人生。

一种是为了分数，机械地去记诵，应付考试，为了混一个所谓的好前程，那是查尔图的人生。

兰彻到讲台上写了两个词，让大家在半分钟内查出定义。于是大家都进入了一种疯狂的比赛（翻书）状态。他问，你们谁因此获得了新知并且激动？没有。没有新知，只有压力。

兰彻说，就算是马戏团的狮子也会因为害怕被鞭打而学会坐在椅子上，而这不过是"训练得好"而不是"教育得好"。

兰彻与查尔图两人进行了一场对决，以10年之期，看谁更成功。兰彻认为，只要你投入于自己爱的事业，成功自然会来。10年后，查尔图貌似成功了，成了美国大公司副总裁，兰彻则是一所小学的教师。但其实兰彻是个拥有400项专利的科学家，查尔图想舔着脸去奉迎也够不着的人。无疑兰彻更成功，真正的成功。但我其实一直不认为这样的PK是合理的，哪怕10年之期、20年之期，甚至更久。因为人与人之间未必需要那些看得见的外部标识，来证明谁更成功。即便兰彻只是一个普通教师，没有400项专利，没有科学家的光环，他也是成功的。但是电影要有戏剧化效果，要迎合每个人心底里暗暗的期待，没办法。

洞察教育本质的人，应该认识到，教育的成功也许不需要那种显性的证明，更不需要在与别人的PK中得到证明。这里不需要"真相大白"，不需要"咸鱼翻生"，不需要"华丽逆袭"，没有这些，就不励志了吗？就失败了吗？

教育的成功，是自证，是心证，是自我的成全，是如海德格尔所说的"成为其所是"。

最近马云在杭师大110周年校庆上发表了一个非常精彩的演讲。他说："我自己这么觉得，未来不是知识的竞争，而是创造力的竞争和想象力的竞争，是智慧和体验的竞争，是领导力、担当力、责任心的竞争，是独立思考的竞争。未来的教育不能只教知识……

"机器只有芯片，而人类有伟大的心和爱。未来的孩子，除了智商、情商以外，我们更需要培养爱商。只有这样，我们的孩子才不会被机器所取代，才不会在变革中被淘汰。

"未来教育的使命，不是培养多少高分的孩子，也不是培养学习机器，也不是一种在流水线上培养的孩子，我们要让孩子成为最好的自己，成为真正的人。"

他所注重的其实就是对一个人来说更核心的"看不见"的东西。他要追求的就是生命的成全，成为"真正的人"。

的确，"未来已来"。人工智能、大数据、云计算……给我们的生活带来颠覆性的改变，教育也必然因风起舞，但AI是没法取代教育人的。还是马云，在云栖大会上说过，动物有本能，AI有智能，而人有智慧。AI无法代替人与人之间的情感交流，我们的肉身不会只是一个笨拙的负累，更是一个想象力和灵性盘旋飞翔的原址。我们生命直觉和冲创之力已经在亿万年壮丽的进化历程中积淀在DNA的深处，其密码不可能轻易被破解。我们追求的是最独特的高阶思维，培养的是不可机械复制的核心素养。审美能力有可能成为属人的本质属性。我们不认为教育的一切都是逻辑可以解决的，不认为一个人的成长是可以被算法控制的，我们相信万物皆有缝隙，而光从那里进来。

如今"育分不育人"的倾向必须得到校正。成全，是没有指标，也不可能有指标的，它们像沧海一样浩大丰富，而分数和成绩只是无垠海面上几个若隐若现的小浮标。只看量化指标的教育评价是不足取的，会把许多人引向耽误生命的歧途。反倒是"香菇爸"林永远的想法显得朴素和健康，他看重的是更重要的东西：过程、高兴、感恩、心肠好、对人好、劳作……总之是要有一个好的生命状态。据说某些地方农民买卖小猪是不称重量的，只是一眼看过去进行"毛估估"。与整只小猪的活泼程度、体态、生命力相比，几斤几两的重量又算得了什么呢？

我喜欢去美术馆。看画的人都知道，要欣赏一幅画，是需要保持一个适当的距离的，大致在一米开外。中国美术学院院长、画家许江称之为"一米的守望"。看油画、国画都是如此。你眼睛凑得太近，哪怕面对世界级名画，看到的也不过是一团不知何物的浑浊的色块或墨迹。须退开去看，则山是山，树是树，水是水，藓是藓，人是人。

只看分数之类的"表现"，就无法看见整个人。

最初我读美国两位家教专家的书，一开始也挺困惑，为什么不能机械地依据孩子的表现来奖惩？慢慢明白起来：仅仅对于"表现"的认可，就不是对孩子整个人的接纳；因为"表现"出来的都是可以被"看见"的部分，孩子容易舍本逐末，只为求得表扬夸赞而行动，他会一直活在"表现"甚至"表演"的层面。这样其实有可能让孩子养成过于看别人脸色、与别人比较、迎合他人、取悦他人的心理，而不是致力于成为"更好的自己"。美国名师雷夫不主张用奖赏来刺激学生争胜，认为那是"教育贿赂行为"。我们不能把奖赏这件事刻板化，它绝对是有功用有价值的，也能正面引导孩子走在正确的道路上。但要慎重，注意不要把孩子诱导成一个缺乏独立判断、成为不了自己的人。人不是"表现"的总和，"表现"就像突出于水面的"冰山一角"，水面之下其实有着更为巨大的冰山。人不是活给别人看的，不是为了来自别人的奖励和掌声而努力的。努力本身令人体验到生命美好，已构成报酬和奖赏，当然，随后而来的赞叹和掌声是努力的"红利"。

这个故事很多人也都熟悉。一群小孩子很喜欢在一位老大爷家旁边吵闹，大爷不胜其烦，也无法劝止。有一天，他对那些小孩说，每个吵闹的人都有糖果奖励。小孩子当然开心啦，每天都过来大吵，然后领取糖果。他们已经习惯了这种模式。可有一天孩子们吵完后，老大爷再也不奖给他们糖果了。这些孩子觉得没有奖励，凭什么在这里费力气？于是，以后他们再也不来了，大爷得到了自己想要的清静。这在心理学上被称为"过度理由效应"。

孩子们原本吵闹的内在驱动力，因为奖励而变成了一种外部控制，当控制减弱或撤除时，他们行动的内驱力也不见了。

还不只如此。

奖赏会从根子里毁掉一个人的"努力"之心。最近我听知名校长、特级教师俞正强说起过评比活动是如何打击孩子积极性的。比如，一年级有40个小朋友，按一定的比例评三好学生。最初，所有人都有着当三好学生美好愿望，都很努力，但到了二年级，一些孩子意识到自己是没希望评上的，就放弃了，到了三年级，有意愿通过努力去争取的就更少了，到四、五年级，想当三好生的也就是那几个能评上的人了。这个过程意味着什么？意味着越来越多的孩子开始悲哀地发现，努力是没有用的。

《小舍得》中的"星光少年"风波，还带给我们更多的启示。那就是这种评选，不但毁了大多数"无关"小孩的努力之心，甚至连那些评上了的也不会受到什么激励，反倒心生"本该我得到"的感觉，如果哪一次没有了，心态就会失衡。这难道不是走向了"奖赏育人"的反面了吗？

这种在人与人之间比出个好坏、把绝大多数孩子当成"努力了也没用"的背景板的做法已经饱受质疑了，不评比可能还更好些。俞正强校长说，他们让孩子自己跟自己比，"只要'我'做到了'十会十能'（学校提出的一套很具体的标准），就是好学生，就是阳光少年，跟别人无关。"

这也令我想起了海明威在《真实的高贵》一文所说的话："优于别人，并不高贵，真正的高贵应该是优于过去的自己。"

从小到大，我几乎年年都被评为"三好学生"（偶尔有某个学期只是"学习积极分子"），那些年满墙都是奖状。我一直以此为骄傲。但是，如今我忽然变得有些不安起来，心里隐隐生出一种亏欠感。

我并不比别人更优秀。我只希望自己能够一直在成长，"天天向上"——不体现于分数，而是在未必看得见的地方：自我的完善。

林书豪有一次说起，他的父母看他打篮球，并不纯粹看他的得分。他自己也一样，某场比赛可能得分并不高，但打得很努力很聪明，就会犒劳自己。透过分数可以看见一些东西，但分数终究是僵死的，哪怕"数据专家"能够整合多个维度呈现出一定的分值，也仍然无法跟生命的丰富性和"弹性"相比拟。而且那分数是别人给的，也是给别人看的，正如康震教授有一次在讲到苏东坡时说，当诗人被一贬再贬、越贬越偏，似乎走到了人生的谷底时，别人都给他打了"零分"，他自己却打了满分！怎么理解？在所有人都"看得见"的仕途上完全失败时，他超越了现实重力的生命能量电池却被前所未有地充满了，他体内"看不见"的诗意以狂放的姿态拼命地生长、绽放、激活！他留下了前后《赤壁赋》，留下了《念奴娇·赤壁怀古》，还有"但愿人长久，千里共婵娟""日啖荔枝三百颗，不辞长作岭南人"等千古名句。别人觉得他不成功，那是因为看不见他真正的成功——那一个不羁灵魂和旷达诗心的自我成全！

　　李希贵在央视《开讲啦》节目上说，大的教育不是说教，而是帮助孩子找到属于自己的道路。教育不是把孩子"加工"，而是要发现、唤醒孩子的潜能，让每个孩子最终成为他自己。

"教育学就是迷恋他人成长的学问。"（教育哲学家马克斯·范梅南语）我们迷恋苏东坡的"成长"。他这个"孩子"在官场考卷上的得分不高，但他却在不成功之时获得真正惊人的成长，找到了属于自己的道路，最终成为他自己，自我成全了这么一个丰盈而美丽的生命。

我一直说，教育像行进中的人生一样，没有对照组，没有B方案，没有后撤键，无法返工，无法回炉。所以教育是没法"实验"的，正如人不能拿来做实验一样。教育中太多无法验证的东西：别人的无法验证我的，昨天的不能验证今天的。教育是没有上帝视角的，教育者不是导演，不可以喊"cut"，没有蒙太奇，没法倒带。每个生命都是自己在丛林中探索、寻觅，教育者只是在尽可能地帮助和引导。教育之路、成长之路，就是一条"林中路"。我们必须把理念上升为理想，把观念上升为信念，在理想和信念的星光下，走在这条林中路上，留下仅仅属于自己的轨迹，并且在"看不见想不到的时候"，在"看不见想不到的地方"，努力找到生命的出口，绽放出自己全部的可能性。

是的，我们需要坚持的，就是努力和善良。美国著名的KIPP学校（校名来自英文"知识就是力量工程"的首字母缩写）是助力弱势儿童、让"每个孩子都爱学"的学校，它最响亮的一个口号就是"勤奋""友善"（Work hard. Be nice）。

弗洛伊德说人要"爱着"（lieben）、"努力着"（arbeiten），才有可能过快乐且有成效的一生；美国儿童心理学家、教育家戴维·艾尔金德加上了一个"游戏着"（spielen），对这位非常注重缓解儿童压力的学者来说，人生不必那么沉重。

有教育洞见的人，理念和观念都是相似的，而且都在积极地把理念上升为理想，把观念上升到信念，转化为行动。

孩子其实生来就努力，但如果发现做不到，就会不想再努力了。所以我们要想办法让孩子保持努力。这时候需要我们，无论是教师还是家长，都要有一双深刻的富有洞见的眼睛，要有一种我称之为"冰山思维"的能力（海明威说："冰山在海里移动很是庄严宏伟，这是因为它只有八分之一露出水面。"），能够透过露出水面的、在"表现"层面的那"冰山一角"，"看见"孩子身上许多像非洲毛尖草那在地下默默地疯狂地生长的根一样有"看不见"的成长、"看不见"的善良，理解一个人的整体的面目，体贴一个人的真实心境。有一位作家说过，理解是对他人最大的善举，而理解就是"看见"。看见了，就会有尊重，有信任。我们要有意识地去看见那些看不见的地方，看不见的人，看不见的角落。

打扫过卫生的人都知道，在一些犄角旮旯，在一些从未被注意的死角，打扫起来是最费时费力的，都是脏活、苦活、累活，而且即使把那些地方打扫干净了，擦拭得一尘不染，但对你付出的努力，却是谁也看不见的！但是育人者恰恰需要去做这样的事，要去洞察孩子心灵里这些最重要的角落，有没有在悄悄发生着改变，有没有时时勤拂拭？我们不能只看到那些光鲜亮丽的"地标工程"，却忽略了其实是更核心更基础的"地下工程"，因为它们关涉一个人的人格的健全和完善，关涉创造力的激发和好奇心的维护，关涉品行的砥砺和心灵的成长。

我以前喜欢举"宿管员与消防员"的例子（有人称为"上游教育"与"下游教育"，但我的寓意要更加深远）。大意是，宿管员所做的努力，是不让坏事发生，越是尽责的宿管，越没有显山露水、风风光光的机会，因为一切都将被消弭于无形。消防员则不然，他是在出了事情以后冒着风险进行英雄式的拯救，所以令人心生尊敬和感佩。你很难说一个平平淡淡退休的宿管员的职业生涯是成功的。但他的成功恰恰就在于不被看见和注意，就像有的爱就是让人感觉不到它的存在一样。这种看不见的成功，就是成全：成全别人，也成全自己。

在看不见的地方，一个人的社会责任感、情感价值观，有很难被掂量、计算、评价的智慧、审美和德行。

请允许我在这里也为老师们花一点笔墨吧。

鲁引弓的"四重奏"主要写家长和孩子们悲欣交集的故事，但也写到了教师。我知道鲁引弓曾深入很多学校做过采访，他小说里教师的形象基本上是正面的、智慧的，也是有高度责任感的。但他们其实也受困于目下这个"读书生态系统"，也有焦虑，也有无奈，甚至被误解。他们在尽可能地成全每一个学生。

我接触过的很多教师都是有理想、有情怀的，视教育为"必要的乌托邦"，把它看成是"一棵树摇动另一棵树，一朵云推动另一朵云，一个灵魂唤醒另一个灵魂"（此系雅斯贝尔斯的名言；朱熹也说"唤醒此心"），致力于让每一个孩子自身变得优秀。

教师的负责不是做给人看的，不是停留在面上的，不是应付各种检查的。师德更多的关乎"私德"。而私德是更具超越性、相对更严苛的自我修养，某种意义上说，其表现是经常"看不见"的，而即便"看不见"，也对自己有要求，这就是那种无底的责任感，更是无敌的责任感。事实上，有太多教师一辈子就是默默无闻地做着"该"做的一切，他们跟宿管员一样，从不企求某一天光荣绽放。

比如，去年有一阵子，幼儿园虐童事件频频遭到曝光。一时之间，人们仿佛觉得所有幼儿园都变得可疑起来，并在下意识里开始对所有幼儿教师产生了微妙的提防之心。"虐童"这样的字眼太刺激了，太吸引眼球了，全民似乎都进入了一种悲情满怀、爱心爆棚的非理性的情绪之中。在这样的情绪里，好像没有人会让自己的思维往这边转：发生虐童事件的幼儿园、会虐待幼儿的老师是极少极少的。好像只要这么想，就是在为虐童做辩护，甚至做帮凶。

而就在虐童事件闹得最火热的时候，人民日报微信公众号推出了一篇文章《大家都在说幼儿园"虐童事件"的今天，我们要给这些人"曝光"！》，文章说："这几天，朋友圈被幼儿园'虐童'事件刷屏了，在关注案件进展，相信相关人员会被依法依规严肃处理的同时，今天，也请给这些兢兢业业的幼教工作者以温暖……"

这篇文章把注意力投向了成千上万不断在付出、不断在操劳、不断在输出温暖和爱心的"看不见"的幼儿教师。它照拂到了幼儿教育的基本面，看到了那水面以下体量庞大的冰山整体。

可是，《小痛爱》里的杨慧伦，却因为自己"缺爱"，也因为"虐童"诱发的过度焦虑，打了其实也"缺爱"的幼儿园老师李霞。

就在那几天，刚刚写完《小痛爱》的作家鲁引弓特意买了束鲜花，跑到一所幼儿园，送给了一位他曾经采访过的幼儿园老师。他说，接过鲜花的时候，老师流泪了。

不是所有的爱心都能得到证明，但依然爱着；

不是所有的付出都会有回报，但依然付出着；

不是所有的努力都会被看见，但依然微笑着……

这就是教师的责任感，似静水深流。

而我们通过鲁引弓的《小痛爱》，"看见"了那些被遮蔽的爱心、付出和努力。

一位幼教特级教师也因为我的"看见"和"懂得"，告诉我说"心头暖暖"而且"瞬间泪涌"。

因为这样的互相"看见"，因为"成全"，因为"择善固执"，我们在焦虑中仍然能感到春风和煦，并且对中国教育的明天抱有真切的希望。

为什么我如此不遗余力地揄扬"成全"的意义，而不鼓吹去追求所谓的"成功"？

因为人做好自己就是成功的，只是往往"自己说了不算"。

而且，深埋地下的根长好了，表现层面的开花和结果是自然而然的事情。

优秀的老师都知道，"教"不好，主要缘自"育"不好；学业成绩不好，主要缘自"立德"没做好。我不是提到过一位强调"正常育人，育正常人"的优秀班主任、科学老师朱永春吗？他在德育、班级管理方面很有智慧，结果如何呢？他每次都接手全校最让人头痛的一个班，而在三年后他都能把这个学科成绩最初垫底的班带成全校的"No.1"，在别人看来简直就像变魔法一样。因为大家都是要"证明"的，要有显性的成绩、"看得见"的成功，那好吧，就"变"给你们看。

有位老师写了这么一个故事：学生成绩不好，她叫来家长，打算严肃地谈一谈。没想到家长来了以后，显得有些无所谓，还一个劲儿地猛夸孩子如何棒。这位老师起初很郁闷，后来想通了。其实家长是对的，那个孩子尽管成绩不好，但他待人有礼貌，喜欢做家务，很愿意分享礼物……在很多方面做得棒极了。老师何必这么严肃？家长只是把学业看作孩子成长中的一个维度而已，她并没有"放弃"。如果不在乎孩子那些无法通过考试分数"看见"的努力和善良，那才是真正的放弃！

教育，需要一颗平常心。

教育，还需要一颗悲悯心。

有句话我常说，这里还是忍不住重复一遍：人们总说"可怜之人必有可恨之处"，但育人者必须反过来想：可恨之人是否有可怜之处？哪怕有的孩子让你失望透顶，让你愤怒到咬断钢牙，当你触摸到他的"可怜之处"，感受到他内心的灰暗，那么一切都有反转的可能。记得读东野圭吾《解忧杂货店》时，这句话曾带给我很深的触动："他们内心有破洞，重要的东西正从那种洞中渐渐流失。"每个问题孩子内心里都有这样的"破洞"，这样的"可怜之处"，只有你意识到了，并且尽可能地去体察理解，才有可能找回"重要的东西"，去修补这样的"破洞"。

东野圭吾自己就有过不堪的成长岁月，读他的《我的晃荡的青春》，才知道小时候他倒也不是个十足的"学渣"（读大学后才感到"山寨理科生的悲哀"），但好像一直在不良少年堆里长大，哪怕他不是"烂苹果"，但因为被归置在"烂苹果堆"里，也就是一个被人视为"即便烂了也无所谓的苹果"，而他也确实干了一些烂事。对我来说，《解忧杂货店》这本书的悬疑本身没什么吸引力，吸引人的是书中透出的"成全"意识：几个"烂苹果"式的不良少年，居然也想成全别人，最终成全了自己。作者写出了人的"可怜之处"。什么"重要的东西"从"内心的破洞"里流失？我想，应该就是对自己的尊重，对他人的信任，对美好的向往之心，是努力和善良的愿望吧。

叙利亚诗人阿多尼斯写过这么一句寓意深刻的诗，我觉得它完美地诠释了"成全"这两个字的含义——

有时候，最美妙的灯盏，并不是为看清光明，而是为看清影子而点亮的灯盏。

别让教育的"故事"演变成"事故"

他嫌她太烦，每次她都太烦。

他恼得眼圈都红了，作为小男生，对这么一个执拗的妈，他几乎无语了。

现在站在考场楼下的颜子悠，是多么想把妈妈支回家去，别在这儿守着了。

在他看来，跟发烧相比，她在这里才是魔咒呢。

（颜子悠）知道拗不过她，随她去吧。考砸给你看好了。

他盯着卷面的视线中，浮现了妈妈在外面等着的样子，他觉得心里很堵。

他想起身往外冲，就像上一次妈妈生宝宝一样。于是，他推了一把桌子，真往外冲了，桌子被带倒在地上了。

方小棋也起身拔腿往外跑。

两个小孩就奔出了考场，奔过走廊，一路飞跑。

他们听到身后一片纷乱的尖叫。

这就是在本地各大媒体上被称为"奥数小孩怒掀桌子"的新闻事件。

——《小舍得》

小女孩乔英子打算理一个光头。

冯凯旋以为她们想显得"酷"。

她说，我不酷，我只是想证明自己。我只想证明自己可以做自己的决定。

她说，就是要过激，给她（妈妈）来点狠的。

她说，什么都得她指手画脚，命令式的，最不能忍受了。

因为这个小女孩，冯凯旋心里涌起了对一向强势的妻子朱曼玉的嘲笑：朱曼玉，该由你来好好看看刚才理发店那一幕才对，你越说一不二，反弹力越大，懂不懂？

——《小欢喜》

传说，公元前4世纪，马其顿的亚历山大入侵波斯领地，占领了首都。这天他来到街道中心一座供奉宙斯的神庙，里面有一个古老的"格尔迪奥斯绳结"，谁解开它就是亚细亚之王，可最聪明的人都无法解开它。亚历山大尝试了一番后也茫无头绪。这时，他拔出宝剑说："用我亚历山大的方式吧！"挥剑将之斩断。亚历山大就这样用最简单粗暴的方式，"解开"了最繁乱复杂的绳结。

中国历史上好像也有用直接砸碎的方式"解开"九玉连环的传说。这种简明果敢的霹雳手段是被赞美的，挥刀斩乱麻，轻而易举就把自己从纠缠不清的情境里解脱出来，可谓当机立断。可是，教育却不能用这样的"亚历山大方式"。它与智慧无关。教育之事，千头万绪、剪不断理还乱的时候，还是得沉下心来慢慢整理，耐心寻找线索，寻找解决之道。因为教育面对的是人，是一个个鲜活的生命。

但很多人却似乎特别迷恋"亚历山大方式"的简单粗暴。

鲁引弓"教育四重奏"里的妈妈好像多是比较强势的。《小别离》中朵朵的妈妈，《小舍得》中颜子悠的妈妈，《小痛爱》中牛牛的妈妈和星星的妈妈，《小欢喜》中冯一凡的妈妈、乔英子的妈妈和季扬扬的妈妈……但她们的强势却让要该平缓流淌的"教育故事"，变成了一次次出人意料的"教育事故"：朵朵的妈妈过量服药倒在了家里（电视剧里）；颜子悠的妈妈死盯着儿子去参加奥赛，结果儿子从考场跑了；星星的妈妈打了老师一巴掌；乔英子的妈妈代女儿决定一切，女儿打算理一个光头以示反抗；冯一凡的妈妈居然被儿子"赶出"了陪读屋子，儿子抓住的"借口"是妈妈居然想偷偷给他"下药"（抗忧郁症的药），"为了不影响我学习，现在、立刻、马上、搬走"……

现实的"教育事故"只会更大，更让人唏嘘不已。

最近个性强势的台湾女性狄莺差点"毁掉"儿子的新闻引起众议。她儿子在美国私藏枪支和上千发弹药，还扬言要发起一次枪击事件。狄莺是怎么养儿子的呢？就是三个字："硬着来。"她的心也算够狠，什么都管得死死的。比如，规定儿子一定要吃几碗饭，她可以盯着儿子吃饭七个小时。她威胁儿子考试分数如果低于80分，就会"把他屁股打开花"。她还一直陪着儿子同睡同起，直到儿子到了青春发育期（发现长腋毛了）才分开。在她的强势掌控下，儿子18岁了还不敢一个人出门，如果出血了也不敢告诉妈妈。他的A面一直"表现"得像一个乖孩子，B面则是疯狂地想要逃离"魔爪"，心里埋着一股暴虐、毁灭的冲动。

狄莺的教养方式就是我多次提到的最为糟糕的那种：一头是过度的无节制的宠溺；一头是强力控制和暴力惩罚。这样的妈妈都很操心，很操劳，但斥其"活该"还不够，因为更可气的是耽误孩子，称得上"毁人不倦"。

没有人可以控制一个生命。《正面管教》一书的作者明确地说："过度控制的管教方式对于十几岁的孩子来说是灾难性的。"其实想要控制也不太可能，你越是试图要控制他们，他们就越是不屈，并且越是远离你。

像狄莺这样的"虎妈"其实很多，多到让人心惊。他们追求的都是马上奏效的短期目标，用的都是非好即坏的直线思维，想的都是强控严管的狠招数。如果眼神能杀人，就让眼神凌厉似剑。如果呵斥有用，就让怒骂响彻楼道。如果电击管用，就让电流远远超过安全阈值！

有多少"虎妈"就有多少在恐惧中瑟瑟发抖的小身影。"虎妈"会发狠，会发疯，会失控，某种程度上也会施虐。骂孩子甚至打孩子其实也是会上瘾的，一旦开始打骂就会成为很难改的习惯。"虎妈"失控起来很可怕，未必比戒网瘾机构里的教官更心慈手软。

当然还有"狼爸"。我一直很奇怪，在印度电影《摔跤吧！爸爸》中，国人好像只看到了"励志"：这个印度虎爸用一种残酷的方式培养出了摔跤冠军！好吧，So What？我真奇怪，这个"狼爸"明明只是为了补偿自己年轻时断送的冠军梦才强迫女儿练摔跤，他所做的一切有相当一部分是出于自私。这部电影在国内票房口碑俱佳，居然没什么人对其价值观提出质疑，只能说明国人在孩子教育的问题上越来越"虎"，心越来越"硬"，越来越"狼"了。教育者简直成了驯兽师。这样的励志，几乎可以用一句话来概括：举起你的鞭子！

我当然知道，管教需要有强硬的"斯巴达式"的一面。不咬紧牙关让孩子吃些苦头，这也不舍得那也不忍心，孩子很难成才。从小学舞蹈、学杂技、学京剧等是要刻苦用功的，刻苦到家长都不忍看的地步；练游泳、练田径、练钢琴、练摔跤等，如果没有数倍于常人的苦功，没有多年的坚持，没有身心的巨大磨砺，那一定会半途而废，毫无所成。不会有郎朗，不会有孙杨，不会有丁俊晖，不会有任何一个奥运冠军。

但我们必须看到，即便是竞技项目（专项技能）训练，也不是光靠棍棒和鞭子就可以的。为什么中国的运动员运动寿命普遍比较短？为什么许多奥运冠军一说起小时候痛苦的训练岁月就哭成那样？在菲尔普斯身上我看不到这种苦逼的样子，在NBA球星身上我也看不到这种往事不堪回首的神态……他们何尝不刻苦？训练何尝不枯燥？拼搏时何尝不孤独？受伤病困扰时何尝不痛苦？但是却乐在其中，所以无怨无悔。那种受苦的机会还是他们自己千方百计争取来的。驱使一个人投身于某项运动的，应该是发自内心的热爱，而不是背后高高扬起的鞭子。

更何况，育人这件事，比这种单纯的训练更复杂得多，仿佛那个古老的"格尔迪奥斯绳结"，千头万绪。一味用强，事情会走向你所期望的反面；就像狄莺教子那样，越是控制，越是失控；就像许多孩子，好不容易上了大学，却啥也不想学了，开始混日子了，因为他们的兴趣不是被激发了而是早在题海中被消磨光了，他们探究的内驱力也早已在之前过"过五关斩六将"的考试升学过程中消耗殆尽。

人不是机器，作为一种碳基生命，不但有身体层面，更有心灵层面。生命有其无可比拟的复杂性，人的成长靠的是化育。疾风暴雨无法涵养身心，你肆意打击孩子，他的心里可能早就鲜血淋漓，但没人知道。你吝啬自己的阳光，他也会不自觉地关上心灵之窗，让自己陷于长久的黑暗。你硬生生地剪除了一点"坏念"，那里也许会长出了更大的"恶之花"。你用暴力修正了他的某个缺点，可能打开了一个潘多拉的盒子。你自以为抓住了他的阿喀琉斯之踵，控制的结果却可能是仇恨萌生的原因。

心理学者李子勋说，一些童年创伤是隐性的，即使你长大后已经彻底忘记了，"但残留在躯体中的创伤体验'碎片'会在相似情景中被唤起，引发惊恐、痛苦与焦虑，有时是一种不安全、无助的感受"。

过度控制，只让孩子学会顺从，在控制者面前暂时搁置了自己的主张、锁闭了自己的真实意愿。这顺从是假的，以后一旦有机会就会更剧烈地反弹，完全在可控制的范围之外。

现在有太多表面（A面）上的乖孩子，内心（B面）的风暴刮得比谁都猛烈。就像狄莺的儿子那样，就像想剃光头的乔英子那样，就像赶走妈妈的冯一凡那样。

而且我也已说到过，太想控制孩子的父母（他们一般也是高度"关心"孩子的），反而更容易被孩子控制。比如，对妈妈呈现"问题"的孩子，常常能控制母亲。他会揣测妈妈对"问题"的反应，如果发现妈妈紧张，就知道可以利用。于是他会撒谎自己头痛，这样妈妈就允许他不上学玩游戏。到后来会发展到什么程度呢？每到考前就生病，而且身体也确实就这么"配合"他。身心本属一体。

有压迫就有反抗。有无所不在的控制，就有千方百计地逃离。这是常识。

"你越说一不二，反弹力越大，懂不懂？"

所以，身为家长或老师，需要时时提醒自己的是：

不要过度控制。对孩子不要步步紧逼，不要严防死守。不要自诩啥都知道，不要得意于所谓的明察秋毫。全天候全方位、360度无死角的监控，只会让孩子觉得一切都密不透风，喘不过气来。在心里有谱的前提下，不是所有的谎言都要戳穿，不是所有的错误都要惩罚，不是所有的细节都要追究到底，我们需要给孩子一个容错空间。

不要动辄念"紧箍咒"，唐僧虽然因此把孙悟空牢牢地控制住了，但悟空那会儿头上的痛和心里的恨是多么强烈！但凡有一丝缝隙半点漏洞，他必叛逆。当孩子想要挣扎，想要逃遁，开始斗智斗勇，最牢靠的东西也就变得最危险。华晨宇《齐天》这首歌里唱出了齐天大圣孙悟空的这般心声："我要这荒诞的规矩，当作个闹剧给结束……"

我经常想到《三国演义》里魏延的谋反故事。当时将领对于自己的主公之"忠"与"不忠"，尺度其实是比较模糊的，多有反叛旧主投降新主者被视为"良禽择木而栖，良将择主而事"。偏偏魏延给刘备一方献城，诸葛亮非但不赏，反而要把他拖出去杀了，说他的后脑勺长有"反骨"。好了，从一开始他就被贴上了"必反"的标签。诸葛亮只用他的战斗力，"怜其勇而用之"，却从来没把他当成心腹，关键时候就把他冷落在一边，还用言语敲打。在经过足够的打压，激起了魏延的不满以后，诸葛亮认定魏延在自己死后必反，于是留下锦囊，让马岱在事发时杀掉他。这整个过程像什么？用罗伯特·默顿的理论来解释，这从头到尾就是一个"自我实现的预言"：一个人，往往是你把他当朋友，他就会真的成为你的朋友；而如果你刻意把他当敌人，他就会一步步成为你的敌人。"赏识教育"的理论依据也在这里。非常不幸，魏延就成了诸葛亮这一个"自我实现的预言"的牺牲品。而人们，却在那儿赞美诸葛亮的"先见之明"。

魏延被逼反的故事给教育的启示有两点：

一是不要随意给人贴"坏孩子""差生"之类的标签。

贴了标签后，孩子会把自己做坏事、不爱学习的行为"合理化"，给自己"反正我是坏孩子"这样的心理暗示，从而使标签成为真正的事实，最终"实至名归"了。

二是不要拿一个孩子的过错来验证或"坐实"自己的"先见之明"。当一个人把自己看成如上帝一般没有一丝漏洞的控制者，就会过于迷信自己的判断，就会固执于自己先入为主的成见，就会特别明察秋毫地敏感于某个孩子身上的缺点，并且用否定性的惩罚或"敲打"把人逼向良好愿望的反面。

当这么做的时候，孩子会觉得家长或老师时时处处在有意地针对他，而且注意力全在他是否犯错而非是否改善和进步上。教师和家长不是球场上的裁判。裁判的眼睛只盯着犯规，每抓住一个犯规动作就是他的成绩，然后掏黄牌或红牌（足球），或者吹犯规、技犯直至驱逐离场（篮球）等。我一直认为，球场上是要有强控制的，球场上的"黄牌效应"也比较明显而且积极，能让申领了一张黄牌的球员更加谨慎，管好自己。但是育人上的"黄牌效应"恐怕就没这么正面。一个被"黄牌警告"的孩子会视之为一个污点，而当他对于良好形象（表现）的自我期待落空以后，犯错很可能会不断升级，层层加码，终至不可收拾之境地。"黄牌效应"容易变成"破窗效应"——用最通俗的话来说，其实就是"破罐子破摔"，就是"虱子多了不怕愁"，就是"死猪不怕开水烫"（其他的同学则会对犯错者"墙倒众人推"），直至最后被"驱逐离场"。其实在球场上我们也见识过这种像是向深渊坠落般的无望挣扎：篮球场上，裁判判定一位球员犯规，球员不满犯罚，找裁判申诉；裁判给了一个技术犯规，球员心态崩了，更其愤怒，破口大骂；裁判立马给了第二个技术犯规，将他驱逐离场；愤怒到极点的球员推搡裁判，于是赛后又得到禁赛若干场的追加处罚……球员最终还是能回来的，但如果一个孩子经历这样的过程会怎样呢？

有位老师曾经给我发来这么一则东西：

一次，某同学把几张床单连接起来从二楼滑下，被老师发现予以处罚教育，罚他每天捡垃圾若干件，他没有完成任务，晚上生活老师令其罚站，不能休息。在隆冬的夜晚，他潜入教师办公室避寒到天亮。老师没有办法，要求家长带回家中自己管教。几天后学生回校，因功课落下太多，加上学习能力弱，课堂作业完不成，引起任课老师不满。再加上别的过错，班主任要求其转学或休学自省。这学生的恶行也引起了"公愤"，学校师生皆排挤他，上学时门卫不让进门，生活老师不让他就寝，家长们也联合起来希望班上不应存在这样的"害群之马"……

他就这样被"驱逐离场"，而且回不来了。

"既然你绝情，为何怪我无义？既然世界与我为敌，我又何必保留最后一丝善意？横竖都是个死，我何不折腾折腾？"当一个孩子感到自己被放弃时，他也就对自己已经犯下的错误和有可能犯的过错，卸下了所有的道德压力。他不需要再有愧疚感，不需要再支付心理成本了，他可以无所顾忌为所欲为。他也放弃了自己。

没有智慧的教育，不但把故事变成了事故，还演绎成了一出悲剧。

现在都有家校联系册，从总体来说这是很好的，但用得不妥当也有弊端。一是孩子在校似乎没有任何容错空间，只是有点事儿就全部算账，这有违成长规律；二是对一些容易犯错、学习吃力的孩子，就像苏霍姆林斯基所说，老师只会没完没了地在本子上写"表现不好，请采取措施""不愿学习，请采取措施"，结果家长总是会一次次被激怒——部分是被孩子的表现激怒，部分是被老师的一次次告知激怒！要知道家长即便很有定力，也消受不了老师一次次地说自己孩子这个不好那个不好，于是接下来会发生什么呢？可能就是对孩子一顿暴打。有些老师可能还很吃惊，觉得这家长怎么如此暴力如此不讲理？其实呢，这家长固然没有多少教育素养，但老师如果知道家长没什么素养却还是一遍遍地去刺激，又何尝不是帮凶？结果是："孩子恨透了老师和父母，于是开始故意不做作业，故意破坏纪律。"

这就是我说的，唐僧的"紧箍咒"固然管用，但它激起的是仇恨，孙悟空恨不能一棒打死师父。菩萨低眉有时候比金刚怒目更强大，让孙悟空心甘情愿保护师父去西天取经的，还是无边佛法那绵柔的力量。

一个人没有自主的空间，就谈不上真正的成长。

教育家刘道玉说，中国的教育要摒弃"塑造"的理念，发扬"成长"的理念。塑造这个行为中有太强的控制感。教育之"育"，包含着自我生长的意味。

新教育探索者李希贵说，他办教育不是"加工"孩子，而是要发现并唤醒孩子的潜能。

柔软的教育不是迁就，而是有更多的耐心，更多的智慧，对于任何一个生命都有所敬畏。要认识到自己的无知无能，也理性看待自己的无奈和无助，但最后请选择相信，相信孩子，相信这一个天地造物精华本就具有的善良和美丽。

"儿童是天生的学习者。"教育应给生命的精神成长以柔顺的力量。人的学习不是塞入，而是学习形成生活、知识、思维的经验，然后，新知识和能力在此基础上生长。所以说，学习即生长。

无论是家长还是教师，都请摆脱自己过剩的控制欲，放松心态，学着像教育家魏书生那样做到"松、静、匀、乐"。面对孩子时，少一些疾言厉色，多一些暖心嘉语；少一些正面强攻，多一些迂回包抄；少一些近距狙击，多一些远程遥感。这更是我对自己的要求。我觉得教育之事，不必有"只争朝夕"的匆忙和着急，而当有顾炎武诗句"道远不须愁日暮"所透露出的那份从容气度。

《小舍得》里夏君山最后觉得不该被"舍"掉的东西里，其中有一样是"野性"。说实话，在今天大家普遍喜欢"乖孩子"（其实往往只是表面上的"乖"而已，就像狄莺的儿子，看上去很乖，内里则随时炸裂），"野性"这个词的价值寓意是不太好的，总觉得它跟粗野、不懂规矩联系在一起。其实不然。野性是指一个人无论在何种境遇里，都有带着朝露的梦想，有蓬勃的欲望，有奔放的活力，有葳蕤的灵性，有狂肆的想象，有原始的探究发现和上下求索之心，有未曾被他人意志（"规训和惩罚"）所驯服的自我实现的渴念……

我曾多次跟鲁引弓怀着"杞人之忧"谈到这个话题。我们觉得一代更比一代新的孩子，由于离自然大地越来越远，户外的活动也有限，而且天天被文本化的课业"拘"在桌前，又时时刻刻在强控制之下接受规训甚至"驯化"，其身心既无自主也不自由。这样的生命非但不再拥有自然赋予的野蛮生长的力量，甚至连农业式的那点"野性"也没有了，有的只是工业化、模具化生产的那种平庸和服帖。这样的孩子，其实是可怜的。司马迁《报任少卿书》中说："猛虎在深山，百兽震恐，及在槛阱之中，摇尾而求食，积威约之渐也。"把"猛虎"在过度控制的"积威"之下驯化为"宠物"，不应该是我们教育的目的。能否想一想，如果孩子的一切都如我们所愿，那其实就意味着没有新的"可能性"。而事实上，应该是汉娜·阿伦特说的吧，未来的接班人是"无法想象的人"，也就是在我们所认为的"应该"和"可能"的边界之外。

你的孩子，将住在明天的房子里。而对那个房子，目前为止你还一无所知。

　　唠叨，也是一种控制欲过剩的表现。

　　《小舍得》中，颜之悠是被他妈妈的"烦"逼得从奥赛考场逃走的。

　　《小欢喜》中，朱曼玉在跟老公走的200米路上，那心里的"碎碎念"还好没说出来，否则冯凯旋和冯一凡说不定也会夺路而逃。"你听得明白吗？你感觉到了这件事里那些最令人不快的东西了吗？你感觉到了对咱小孩的刺伤吗？……"

　　真正有效的沟通，无论在家校之间还是亲子之间，都要把握一个原则，那就是"简洁！简洁！简洁"，重要的话说三遍，呵呵。

　　在没有遇到啰唆的人之前，你不会觉得啰唆的人有多让人厌烦，你反而会说：就是话多一点，心还是好的呀，每一句嘱咐，每一次提醒，满满的都是爱啊。唠叨总比冷漠强吧，总比不闻不问强吧。

　　为什么孩子总是不爱听父母和老师的唠叨？因为在你烤灼耐心的语言高压下，他们早已开始了习惯性躲避。为什么你强调了三遍乃至三百遍的话，孩子总是置之不理？因为在你念咒语般的声音磁场里，他们早已开启了选择性屏蔽。所有的声音滑过他们的耳畔，就像水从鸭背淌下，无一句入耳，无一句入心。别跟我说长大以后他们会觉得师长的唠叨是多么温暖亲切有味，那是只能在歌里面唱唱的，别太当真，如果长大以后那唠叨声、碎碎念依然萦绕耳畔，那么所有的情怀都只能零落成泥碾作尘，只有烦如故。当然我丝毫不怀疑人们会怀念父母或师长的唠叨，但它也只能用来怀念。

《大话西游》里的那个唐僧，心肠多么好，可他带有强迫症倾向的唠叨却逼得孙悟空大发狂性，逼得妖怪都纷纷自杀。可见，啰唆或唠叨的杀伤力有多强。"我叫你不要乱扔东西，乱扔东西是不对的呀……砸到小朋友怎么办，就算没有砸到小朋友，砸到花花草草也不好嘛……"今天的很多父母真得扪心自问一下，自己平时的说话方式是不是这样？什么话都颠来倒去地说，翻来覆去地说，那嘴巴就像一个全天候工作、全波段覆盖的发射器，试图把信号绵绵不断地发送到小朋友的耳朵里，却不曾想到，那"耳朵"，已经关机。

啰唆之无效和反效可谓大矣。其弊有四：其一是唠叨中必定多有指责、抱怨和数落，负能量指数几乎爆表。其二是言语的洪流容易淹没真正有价值的信息。说得太多，孩子反而抓不住重点，结果变得对什么都无所谓。我们经常说熟视无睹、有口无心、充耳不闻，其实是，因为"熟视"，所以"无睹"；因为"有口"，所以"无心"；因为"充耳"，所以"不闻"。其三是容易让孩子在判断问题时失去分寸感。因为你的说教本能过于旺盛，对什么事都不加区别地说上一通，不知留白，结果孩子也就掂量不出后果的轻重。比如，他们会把"乱扔东西"与"跟陌生人走"看成是性质一律的事情。其四是会让孩子产生不必要的期待。如果一位老师每次布置作业时都要反复强调，那么孩子当下就不会集中注意力，反正老师还会再强调的嘛。有些孩子养成了当时不认真倾听、回过头来问东问西的坏习惯，其实就是被这些充满爱心和具有高度责任感的父母或师长给惯出来的。

如今家校、亲子之间的沟通是越来越便捷了。但是不是双方的言语往来越多、互动越频密，沟通就越有效呢？我看未必。以前看到过一则新闻，褒扬一位热衷于给家长发短信的教师。那位班主任在16个月里给家长发了8000多条短信，班上每位学生家长分别被他"骚扰"了222次。我丝毫不敢低估这位教师对工作的热忱，也为他能耗费大量时间精力在家校之间搭建桥梁的努力而感动，但我却颇为怀疑这种沟通的有效性。在这么一个信息过剩而注意力短缺的时代，在QQ的嘀嘀声频响和手机的震动不断的情境里，如果我每天都能从老师那儿收到一些无关痛痒的短信，我是不会太把它当回事儿的。也许我会很随意地把它们瞄上一眼，然后，摁下删除键，就像删除那些提醒流量的通知短信一样。

记得念中学时，班上有一位数学高手，什么难题都能解开。但他有一个奇怪的特点，就是做题时经常舍近求远，而不知去繁就简，明明用两三个步骤就可解开，他却偏要花上十多步。数学老师就批评他，说他违背了"思维经济性原则"。后来我知道这一原则来自著名科学家、哲学家马赫。家校、亲子之间的沟通，亦当遵循这样的"经济性"。让我们拿出"奥卡姆剃刀"，剃除一些不必要的冗余信息，使每一颗言语的种子，都找到生根的土壤。

过犹不及，简洁最美。

唠叨，源于自私，而不是所谓的"爱"和"关切"。唠叨是一种病，就像强迫症。太多时候，我们喋喋不休数落或者抱怨孩子时，其实只是在发泄自己内心的挫败感和担忧感罢了，从根本上来说，这些是在满足唠叨者自己的心理。控制欲太强的人，往往在控制自己方面很弱。他不说会很难受，可是越说越有可能更恼火，说到后面可能就吼起来了。可是越吼孩子越不听话。

当你如此这般的时候，孩子该怎么办？如果他们沉默，你们会说怎么像个死人一样连一点反应、一点态度都没有！如果他们申诉，你们会说没认真听话居然还敢顶嘴，真是反了！如果他们哭泣，你们会说哭有什么用？没出息！不许哭！如果他梗着脖子不说不哭，你们只会越看越来气，觉得面对的简直是一块说不通听不进的顽石！

唠叨的妈妈爸爸，你想怎样？

其实，说话总要重复很多遍的人，自己听别人的话也很费力，听话不入心。所谓"惟善画者能赏，惟善弹者能听"，就是这个道理。越是不懂得倾听的人，越是啰唆，真是低级的智性。

当你滔滔不绝地唠叨时，只有嘴巴是开着的，你的耳朵、眼睛和脑子都关闭了，是你听不见、看不见也不思考的智力怠惰的时候。

我们还是应该多听听孩子的心声。要想让人倾听，必先让其表达！

教育因何而美：那些柔软的育人智慧

　　她瞅着这个忙碌的小背影，她发现这半明半暗相间的走廊里，因为有它，仿佛一下子暖气氤氲，飘起无数光圈，它们暖暖地浮动在空中，美好，静谧，让心里软成了一片。

　　她想，就冲着这一刻的这个背影，你几乎可以原谅他平日里有的调皮和乖张。

　　　　　　　　　　　　　　　　　　　——《小痛爱》

　　面对季扬扬那"像一块铁板"的固执的逻辑和道理，潘帅说不过这个学生。

　　潘帅突然就哭了。他是真的没招了，沮丧，无措。

　　季扬扬立马傻眼，不吱声了，因为老师在自己面前竟然哭了。

潘帅哽咽道，我对你，从没放弃。

潘帅老师哭得稀里哗啦。潘帅老师觉得相当难堪。

他心想，太糟了，对着一个男生哭了一场。

二十分钟后，当他走进教室时，看见季扬扬已经在了。

从这一天起，季扬扬每天到校，从不迟到。

——《小欢喜》

这几年，面对各种教育相关的话题，我常常处于失语的状态。有太多的感慨，却不知从何说起。我内心的那种苍凉感和无力感，越来越浓烈。

因为在今天的教育大气候下，我秉持的教育理念显得那么不合时宜。

我所相信的美好的教育是怎样的呢？

是柔软的，而不是坚硬的。

是智慧的，而不是死磕的。

是个性化的，而不是标准化的。

是唤醒的，而不是催迫的甚至棒喝、棍打的。

是注重自我生长的，而不是强调灌输和控制的。

是凸显过程性的，而不是只看重结果的。

是瞩目于长程和终身发展的，而不是只盯着即时和短期目标的。

是懂得妥协、退让、曲折、延宕、等待、包容的，而不是用一种机械的、线性的、驱赶的、高压的甚至暴力的方式去强制规训的。

我认为生命的"成全"比所谓的"成功"更重要，或者说教育追求未必看得见的成功，它是一种成全——让人成为一个善良、努力、正直的人，一个有核心素养的人，一个能感受和创造幸福的人。教育的终极目的，是引领人走向自身的成全（fulfilment）而不仅仅是追逐在某一个层面或事项上的成功（success）。

在很多人眼里，这样的理念是空洞的，是不接地气的，是飘在半空中的……它管用吗？对矫正不当行为有用吗？对提高考试成绩有用吗？对小升初、读重高、上北大清华有用吗？

理念在现实的功利需求面前往往不堪一击。我曾看过一个节目，衡水中学的校长与教育学者杨东平等人在一起谈论"衡中现象"，从头到尾，校长都是口气强硬，底气十足，甚至有些咄咄逼人，相形之下，主张教育要少一点严苛控制多一点自主空间的杨东平反倒显得气场很弱，最后他几乎是只能嗫嚅着建议"学生吃饭的时间多一点""跑操的时候不要看书了"。

用"柔软"去碰教育现实的"坚硬"之墙，无异于以卵击石。可是，"若要在坚硬的高墙与击石的鸡蛋之间做选择，我会永远选择站在鸡蛋一边"。这是村上春树在一次演讲中说的话，我深以为然。

站在鸡蛋一边，因为它与生命相关。

我曾跟一所著名民办中学的校长在一个场合探讨过，教育是柔软的还是坚硬的？最后的结论是：方法柔软，原则坚硬。其实，我说的柔软，指的是更有智慧、更有"技术含量"的教育，是更顺应天性以求改善、更讲究方法以求进步的教育。教育是柔软的，因为人不是在精密的控制之下，在一个标准化的模具里，在工业化生产的质量体系下被制造出来的。人所具有生物属性、生命属性决定了，人的成长是非线性的，是非决定论的，所以我们的教育也不应该是机械的、斩截的、模式化的。柔软，并不是宽恕一切，如苏霍姆林斯基所说："我只是相信真正的教育和'压制''强迫'水火不容。"我反对的是只讲控制不讲自由、只重目标不问过程、只管"塑造""加工"不管"自我生长""自我完善"的管教方式。

柔软的教育是怎样的？下面试列举一些表现形式，其实也都是老生常谈。

"千万春风好抬举"——懂得赞赏

美国心理学家詹姆斯说："人生中最深切的本质，乃是被人赏识的渴望。"曾听上海的一位德育特级教师讲师生、亲子关系，他说老师（家长）说孩子行，孩子竟会"不行也行"；说孩子不行，孩子竟会"行也不行"。

赞赏也是有艺术的，那种老好人式的、泛泛的夸赞，未必能入孩子的心，有时候还会有副作用。就像那个男孩，球打得不好，妈妈却向他挥着拳头说"你真棒"，孩子反而会觉得妈妈让他在同伴面前丢脸了。

智慧班主任郑英曾在《班主任，可以做得这么有滋味》一书中总结了一些奖励和赏识孩子的艺术，其中有"变换花样——常换常新""反向奖励——寓贬于褒""悄然奖励——秘而不宣""精神熏陶——无痕濡染"等等。

也听全国百佳班主任杨春林讲过这么一个故事：

班上有位女生爱穿着打扮，头发披散开来几乎遮住整张脸，以前的班主任让她把头发扎起来，她不同意。

文理分班之后，她成了我的学生。有关她的头发，我决定找她谈谈。

开门见山，我试探着问她："你知道自己身上的优点吗？"她冷冷地吐出三个字："不知道。"

"真的不知道？""不知道！"依旧漠然。

"那我来说？"我征求他的意见。她说"哦"，不冷不热，淡淡的。

"你的皮肤很白。"没想到老师会说这样的话，她的眼神似有一抹亮光划过。

"但让老师感到遗憾的是，你把自己身上最美好的特质掩盖起来。很多女人花钱涂抹粉刷，为的就是美白，你倒把自己的优势弃置一边，浪费了自己与生俱来的优势，真的非常可惜。"我继续说。

后面的结果应该猜到了。第二周返校时，她已经剪掉了怪异的发型，露出了白皙的脸庞和光洁的额头。她的变化让所有人都大吃一惊，但我知道，她的改变还会越来越多。

北风吹不掉行人的衣服，只是让他把衣服裹得更紧了；温煦的太阳一出来，他就自动把衣服脱掉……这个寓言的道理谁都懂，但把它用在育人过程中，才可见出育人者的高明。

我对写作发生兴趣，可以追溯到小学时。有一次春游活动结束后写了篇作文，仅仅因为采取了"倒叙"的手法，就得到了校长的当众表扬。那真的是"一滴神奇的蜜"！到了中学以后，语文老师又常常在各班"巡回表扬"我的作文，还让满心忐忑的我担任校刊副主编。其实我自知资质平庸，但为了啜饮那一滴神奇的蜜，就会不自觉地努力往那个方向去追赶。

《特别的女生撒哈拉》里写到一个封闭自闭却有梦想才能的女生，她后来的绽放是因为写了篇作文，只有一句话："我会成为作家。"老师并没有嘲笑挖苦，而是写下了这样的评语："我相信。"这简单的三个字，给她的生命塑形。

"人须在事上磨"——念好"磨"字诀

著名特级教师周爱芬校长有一次跟我说："孩子其实不怕凶，怕磨！"孩子犯错，家长往往会"凶"他。凶神恶煞的样子对孩子来说固然可怕，但因为属于激情状态，他们知道暴风骤雨很快就会过去，马上就是晴天，所以对自己的错误不会太入心。"磨"则不同，那是没完没了的"纠缠"，是时时刻刻的提醒。有位老师，当孩子犯错以后，她并不凶，也不骂，而是会采取温柔的惩罚——让他一直跟着自己，她走到哪儿，学生得跟到哪儿。别的孩子都在兴高采烈地玩，他呢，啥都玩不成。这只是一例。家长也可以采用"磨"的方式，当发现孩子犯错且屡教不改，不要只知道打骂，可以罚他做家务、禁看动画片等。很多家长也确实这么做的，但问题是没有长期性，没有"磨"的意识，一次两次就作罢。"磨"的要诀就是坚持，跟孩子比拼耐性，定下一个规矩以后就一以贯之，直至孩子彻底改过。恰似鲁迅先生所说："不如深沉的韧性的战斗。"韧性比血性要重要得多。

"人须在事上磨。"这是王阳明《传习录》中对弟子的告诫。良知是"磨"出来的，好习惯也是磨出来的。

"水利万物而不争"——勇于示弱

《小欢喜》里潘帅在季扬扬面前哭了，他觉得很丢脸。因为这是示弱的一种表现。其实在教育中，示弱有时候比一味用强要有效得多。这跟面子没什么关系。老子曰："水利万物而不争。"水自承柔弱，但谁又能否认它绵软中蕴藏的力量？

让孩子发现自己作为父母的无助、无奈，对他的成长是有帮助的。卢勤说，当家里只有她和孩子时，她会"示弱"，让孩子像个男子汉一样来保护自己。周爱芬说，孩子还小时，每次出门去旅行，她都会事先告诉孩子，希望他"看好"妈妈，别让妈妈走丢了（不是妈妈"看好"孩子或者叫孩子跟牢自己）。有的老师为了让学生改掉吃中饭太潦草的缺点，就说自己因为吃中饭时要赶学生的进步，自己每天下午都很饿，结果学生为了"等"老师，从此吃饭都认真起来。

教育是有着优美的曲线的。示弱不是放弃，妥协不是低头，重要的是孩子获得了怎样的体验。河合隼雄《孩子与恶》一书中引过一首小学一年级孩子写的诗：

今天没去学校

因为对妈妈撒谎了

撒了什么谎，我不告诉你

把妈妈惹哭了

我也哭了

妈妈说

没想到你是这么没同情心的孩子

我从来没有这么伤心

我好笨

好糊涂

做了这么蠢的事

我也悲伤

心也痛

就这样，妈妈还是紧紧地抱住我，说

儿子，妈妈最爱你

我再也不敢了

《苔》这首歌中有句词是这样的："如果没有眼泪灌溉，我还是个懵懂小孩。"也许不是呵斥时喷溅的口水，而是示弱时真实的泪水，更能让一个孩子变得懂事，学会体谅父母的良苦用心。

"守得云开见月明"——耐心等待

龙应台愿意"等上一辈子的时间"，让一个孩子从从容容地扎好一个蝴蝶结。事实上，那会儿孩子的"慢"是特别有意义的，因为那是他自己用五岁的手指在完成一件事。妈妈代他去完成固然"快"了，但却会拖慢他的整个人生。

人总是慢慢地找到属于自己的成长节奏的。社会学家、优生学家潘光旦提出过一个重要概念"位育"——"位"者，安其所也；"育"者，遂其生也。"天地位焉，万物育焉"，万物生长是遵循天地所赋予的节奏的。我们也应让教育之"育"回归到它最本原的意义上去，就是"遂其生"，顺着自身的本性生长。教育的节奏就是生长的节奏。

日本的木村秋则是种苹果的，在最初的8年里只等开了7朵苹果花，第10年换来了果园的丰收，30年的种植改变了许多人的人生观。当有人夸赞他很努力时，他的回答是："不是我很努力，是苹果树很努力。"这不是傻瓜，而是一个智者。我们要懂得孩子，让他适性发展。看得到努力，听得见拔节抽穗的声音，不急着催熟，不急着要开花结果，更关注的是地下看不见的根有没有在生长。同时，不要把孩子品行和学业的进步，看作是自己的功劳："不是我很努力，是孩子很努力。"

"东风无一事，妆出万重花"——弱化目的性

《列子》中讲了一个故事：有少年喜欢鸥鸟，在海边天天与之往来，那些鸥鸟也不怕他。有一天，少年的父亲说你捕几只过来，让我也玩玩。少年再去海边，那些鸥鸟就只在天上盘旋，再也不肯落下来到他身边。以前他是"忘机"，现在则萌发了利用、计较的"机心"，通灵性的鸟儿遂不愿再亲近他了。

教育孩子也是如此，家长带了太强的功利心、目的性，反而会导致亲子关系的疏离，甚至还会让孩子心生反感。大人带着明确的目的去教育孩子（其实就是说教）没什么用，跟孩子一起行动才会有效果。但我们却常常带着这样的"机心"：带孩子去看部电影，或者到哪里游玩，总忍不住事先就说要写一篇"所见所闻所感"的作文，否则，这部电影好像就"白看了"，这趟出行也似乎"浪费了"。这样的"机心"让一切都

变得无趣起来。王小波曾写一文讽刺进电影院就生出"让我受教育吧"这种心态的现象。我说"让生活变成教育",并非是要家长们不断给孩子们提点生活中每件事有何教育意义,而是指生活本身就在言说着一切,就在濡染和影响着人们。"东风无一事,妆出万重花。"张惠言的这句诗,我是经常在玩味的。东风不是冲着开花来的,但是花儿却因之而开;同样地,花儿也不是为人而绽放的,但人们却因为花儿而感觉美好——用哲学家康德的话说,这叫"无目的的合目的性",就是审美。

当教育成为一种审美活动,它确实能"妆出万重花"。

"好香必须自焚,好茶必须自斟"——变被动为主动

护士带着刚出生没几天的婴儿去"游泳",当双脚悬空,失去安全感的婴儿顿时哭闹不休。护士叫我过去帮忙。我过去抓住了婴儿的手,他依然哭个不停。护士说,你伸出一个手指头,让他抓住你。我照办了,神奇的事情发生了,当他的手抓住我中指时,他马上安静下来了。怎么回事?因为我抓住他手时,他是被动的,尽管我会觉得一切尽在掌握,但他可不

这么想，事实上是我在控制他。而让他抓住我的手，能让他满足真正从那一个"我"出发的诉求，我不是在控制他而是在帮助他、引导他，给他提供他需要的安全感。

我们对孩子的教育又何尝不该如此呢？应尽量让孩子学会自主。可平常我们所做的可能恰恰背道而驰，总想一手掌握，总想全盘控制。我已经说过，面对孩子时如果控制欲太强，是很容易进入"施虐—受虐"模式的。我有一个可能不太悦耳的观点：不放心可以理解，但总不肯放手却是一种病态，虽然顶着"爱""认真""负责"的名头，也仍然不过是一种自私。不放心而放手，需要的是更博大的爱、更高明的智慧。

我一个朋友的孩子，一开始无论如何不肯自己单独睡觉。后来我朋友想了个办法，带着孩子去商场，让他自己挑选床、被子、枕头等一应物品。然后，那孩子欣然接受了独睡状态。

听好几个明白的妈妈谈起，带孩子出门旅行时，会专门给他准备一个旅行箱，让他自己收拾衣物等。如果丢了什么，也要让他自己承担后果。自己的错误自己扛，自己的过失要认账——在这个过程中，孩子会因为自主而迅速获得成长。

还有一位聪明的家长，每天都让放学回家的孩子当老师，讲一遍当天的学习内容。在这个过程中，孩子就真正掌握而且消化了知识。

对同一个地方，司机自己开车去一次就认识路，乘客去十次也不认识。这就是我们为什么要让学生成为自己的"司机"，而不仅仅是"乘客"的原因。

"好香必须自焚，好茶必须自斟。"李渔《闲情偶记》中的这句话，本意是指只有"自任其劳"才能真正得美食之三味。这个道理用在好多地方都是合适的。菜要自己夹的才好吃，书要自己买的才好看，路更需要孩子自己一步一步地走，哪怕摔倒了，也要自己站起来，才会有成就感，有对自我的信念感。家长，在旁边给他一点鼓励、一点指引，足矣。

"吹面不寒杨柳风"——压力与柔和

柔软，绝不意味着没有压力。但一定要清楚：压力是孩子可以承受的；压力是为了促其成长的。人都是在一定的压力环境下长大的，适度的压力可让人产生动力，保持兴奋度，尤其重要的是只有完成任务以后，人才能体验到真正的满足感。压力终得释放的时候是人最快乐的时候，克服困难的时候是人最强大的时候。压力让人不怠懒，让人调动全部的生命潜能，克服困难战胜压力的过程，人的心中会升腾起一种崇高感。美学大师朱光潜说过一句名言："走抵抗力最大的路。"为什么？因为没有"抵抗力"，一个人一定会顺着天性中偷懒、耍滑、取巧的一面走，就会堕落而得不到成长。

批评也是给压力的一种方式。批评的方式当然有"棒喝式"的，有"泰山压顶式"的，这要根据批评对象、批评事由的不同而定。但总体而言，我觉得柔软的方式是更有效的。有位特级教师甚至建议教师和家长都能改变话语方式：话势不要太强，要和煦；话幅不要太窄，要宽泛；语调不要太硬，要柔软；语速不要太快，要平缓；语言不要太冷，要温馨；语境不要违和，要亲和。

批评时僵硬的语气、严厉的表情、生气的样子，是最无效的，甚至可能是反效的。越着急越不能显露着急，不但要控制语言内容和声音，还要控制眼神和表情。马卡连柯说，能用15~20种声调说同一句话（如"到这儿来"），才算好教师，而且声调要经常性地保持柔和，轻快。美国心理学家艾伯·梅拉比安发现，信息传递的总效果=7%的语言+38%的声音+55%的体态语言，这也就是说，一挥手、一瞪眼、一皱眉，其破坏性（或者警示性），要远远大于你说的内容。

所以，不要让负面的、消极的态度，背叛了你想要传递给孩子的正面信息！有时候，你以为你是在鼓励，其实你是放弃的，因为你明显在生气——孩子能非常敏锐地捕捉到你的这些信息，对你自以为费尽全力在说的内容，反倒留不下一毫印象。

在一所学校里与青年教师交流时，他们问我：你所热爱的教育者是怎样的？我的回答是：他们的情怀是人文的，他们的目光是平和的，他们的身段是柔软的，甚至连他们的语流和气息都是柔和的。心有荆棘的、控制欲强的、过于"犀利"的人，都很难做到这一点。

我说，聪明还是愚蠢其实是跟智商无关的，是一种思维方式或者心智模式。如果一个人固执、自以为是，唠叨、无法安静，也不愿倾听，胸有荆棘、控制欲过强、过于"犀利"……那么他就没有柔和的心境，没有圆融的思维方式：对于错误，没有包容空间，没有转圜余地，没有"相对论"；没有逆向思维，没有设身处地，没有换位思考，亦即没有反思。不是说"相由心生"吗？一个人心智上的粗陋和优雅，当然会"体"现在面容、眉眼、笑容以及举手投足、身姿体态、言语声气等方面。所以我说，从教育这个角度来看，聪明的人应该是柔和的，而柔和的人必定是美丽的。

"天容海色本澄清"——抬高天花板

俗话说教育无小事，但对有些事则不妨看得小一些、淡一些、轻一些，尤其是在今天每个人都把教育中的一丁点事看得比天还大的背景下。

坦率地说，有的老师是喜欢"煽风点火"的，动不动就打电话叫家长，学生成绩有点起伏就如临大敌；有的家长也喜欢盯紧孩子的一举一动，有点风吹草动就惶惑不安。

这种心态用我喜欢说的一句话是：我们不能把一片树荫当成黑云压城，把一点波澜看成惊涛骇浪。

只要孩子的品行没问题，学习和自我发展的动力能保持，那么我们就要学学苏东坡诗句里透露出来的那份旷达，要有颗"大心脏"。

童话作家郑渊洁讲过一个亲身经历的故事。小学时写作文，老师要求写"早起的鸟儿有虫吃"，郑渊洁比较顽皮，脑洞大开，写了篇"早起的虫儿被鸟吃"。结果被老师痛批了一通，后来还导致了他的退学。退学回家，对任何家长来说都不是容易接受的事。但郑渊洁的父亲却接受了这个事实，没有打他，而是说："没关系，我在家里教你。"郑渊洁回忆起这段往事仍对父亲的宽容和信任充满感激。如果他父亲硬逼他回校上学，可能会多了一个所谓的好学生，但世上就少了一个"童话大王"。

而且，郑渊洁每次犯错，他的父亲都不打他，而是罚他写检查，并且规定不可重样。郑渊洁说这正好锻炼了他的写作能力。

我们自己的世界比较大，孩子的天地才会够大。

为什么有的孩子抗挫能力很弱，一次考试成绩不理想就觉得天都塌下来了，不敢面对父母，有的甚至做出极端举动？主要是因为——

我们让孩子的世界变得太小，小到只有考试和升学。我们让孩子把分数看成了上帝，把成绩看成了生活的全部！是我们，把孩子们生命的天花板拉得这么低，把人生可能的空间压缩到如此逼仄的地步！掉名次，就是天花板掉下来了，就是天塌了！考不好，面前好像就只有绝路了……

记得刘瑜说过，一个长期被禁锢在轮椅上的人，我们很难指责他肌肉不够发达。的确如此，我们不能一边过度控制着孩子，一边又希望他拥有活跃的心智状态和冲创欲望。孩子发展的空间，他思想活动的范围，他能够承受的极限，他愿意容忍的边界，他可能到达的远方，有时候取决于我们系在他身上的那根"绳子"的长短。

"云散月明谁点缀？天容海色本澄清。"这诗是苏东坡晚年被贬到海南，在南海坐船时写的。当时他不但已经走到了中国的边缘，而且也走到了人生的边缘。但是他的世界却是这么浩大而清朗，把天涯海角看到了屋宇，把日月星辰看成了天花板；他的心境是这么皎洁而自足，天大地大，海峡可渡，"此心安处是吾乡"。

……

教育的柔性智慧是说不完的，在不同的情境中都会有不同的呈现。但无论如何呈现，弗洛姆的这句话都值得记取："教育就是帮助孩子实现其潜力，教育的对立面是管制。"[①]

---

① 弗洛姆：《爱的艺术》，广西师范大学出版社，2002年出版，第102页。

寒门难出贵子？别撒娇了好吗

朱曼玉说，现在是家长懂得越多，眼光越好，孩子机会越大，机会成本对于不同的家庭如今是越来越不一样了。

宋倩说，是的，所以说，现在是寒门难出贵子，你说我懂得多，其实，我们跟那些人相比，也是寒门，人家根本不用走这条路，真正有办法的人，未必走这条路，而我们只能走这条路。

朱曼玉对宋倩说，你还寒门？我才寒门呢，我跟你这么聊，就发现了，这寒门如今不仅是指钱了，还指一个家庭的眼光、见识、格局，所以这寒门如今是双重概念了，物质寒门和"信息寒门"，我是双重寒门了。

——《小欢喜》

"香菇爸"林永远来学校看儿子林磊儿。

林磊儿看见爸爸额头上有好多汗，他说了声"等下"，转身进寝室拿了一条毛巾出来，伸手帮爸爸擦了一下脸……

李胜男老师看到了这个"温情的画面"，感动了。

她说，我就奇怪了，为什么城里小孩会听歌剧、会拉琴、会阅读名著就是素质教育，可以加分可以"自主考试"，而为什么乡村小孩子知道心疼家长、会干农活、认识作物、会带弟妹，就不是素质了呢？

——《小欢喜》

当读到朱曼玉说起"双重寒门"这个概念时，我脑子里忽然闪现出写过《三重门》的作家、赛车手韩寒——"寒寒"，呵呵。他如今算是"高处不胜寒"了（十多年前他用这个标题狠狠地调侃了一通正与他在激辩的高晓松），但当初他的"寒"跟名字一样，还真是双重的：他出生在上海远郊的金山区，算是一个农村或郊区青年；他高中时因为偏科严重，七门功课亮红灯，于是变被动为主动，"体面"地退学，连考大学的机会都不曾拥有。

但谁也无法否认他如今是一个真正的"贵子"，不是指个人拥有的财富，而是他富有创造性和个人传奇色彩的事业及生活方式，是他在青年人中间乃至社会的另一些层面营造出来的话语场和符号意味，是他通过自己独立、灵动和富有自由感的写作（及其他活动如赛车、拍电影等）逐渐产生的文化塑形力和价值牵引力。

对于"寒门难出贵子"这个话题，我其实是不太以为然的。当两个中产的女人（妈妈）在那儿感叹"寒门难出贵子"时，我会心生一丝荒谬感。我感觉这句话像是一个轻微的撒娇，就跟说"我爱你"相似。我们知道从解构主义的角度来看"我爱你"，它几乎是没有确定的本质性意义的，比如，可以是表示"我想跟你在一起"，可以是表示"我对不起你"，可以是表示"我感谢你"，可以是表示"我觉得你很漂亮"，可以是表示"我觉得你不漂亮（但我依然喜欢你）"，可以是表示"再见或者永别"……两个主妇感叹"如今寒门难出贵子了"，跟男人们在一起聊天时动辄说"如今生意越来越难做了"，整个调性是一样的。

寒门是任何时候都难出贵子的，寒门又是任何时候都出了一些贵子的；生意是任何时候都难做的，做生意又是任何时候都会出现一些奇迹般的机遇的；没有哪一代人的青春是容易的，每一代人的青春又何曾不拥有自己独特的光辉？

我的家乡是浙江东阳，这个资源贫瘠、绝大多数人口是农民的浙中小县，却以盛产博士教授和工艺美术大师著称。20世纪80年代就被称为"百名博士汇一市，千名教授同故乡"，如今更是博士以千计、教授以万计——比如光一个巍山镇古渊头村就有25名博士、200多位高工教授、500多位大学生；比如我随便加入一个同乡群，群里的高校校长（院长）、教授、博导、高级工程师、主任医师乃至获得过国家科技进步奖的老乡一抓一大把。所以有人称这个80多万人口的县级市可能是全中国最出人才的地方。

东阳是教育之乡，也是木雕之乡、建筑之乡、百工之乡。当时，在这个不占一分"地利"的地方横空出世般冒出了东方好莱坞"横店影视城"，又参与创建了全世界最大的义乌小商品市场（东阳义乌几乎是一家，早期那些让"鸡毛飞上天"的商人中多数是东阳人，包括我的父亲）。

在东阳，所有通过苦读考上大学成为博士教授乃至院士的，或者经过艰苦的学徒生涯成长为工艺美术大师的，或者经过"鸡毛换糖"式的艰苦奋斗成为大企业家乃至富人榜第N名的，无一不是出身于寒门。这里有著名的"霉干菜精神"，孩子们求学时期几乎没有新鲜菜吃，包括我80年代的求学生涯也是如此，每周（或两周）带一大茶缸没有多少油水的霉干菜，作为唯一下饭的菜肴，全班几乎人人如此，整个宿舍都飘着一股"霉味"。

百年前的东阳寒门里走出了泰斗级的物理学家严济慈、植物学家蔡希陶等，三十年前左右的东阳寒门里又走出了徐文龙（横店集团）、郭广昌（福星集团）以及量子科学家潘建伟院士等，十来年前的东阳寒门里又走出了物理学家陆朝阳、摩拜单车创始人胡玮炜等，他们全都吃过霉干菜。

有意思的是，正是这位胡玮炜，无数人试图在网上找出她是"富二代""官二代"的蛛丝马迹，很遗憾，她是不折不扣的东阳小镇寒门出身，而且她考上的大学也只是一所普通的"三本"院校。

更有意思的是，正是在胡玮炜于今年初被报道"套现15亿"后，网上出现了那篇《摩拜创始人套现15亿背后，你的同龄人正在抛弃你》的鸡汤文。

尤其有意思的是，在这篇刷屏的鸡汤文铺天盖地的时候，同出寒门的韩寒发微博直斥此文"不光光是在贩卖焦虑，而是在制造恐慌"。而胡玮炜则转发了韩寒微博并且说："别为了流量，扭曲了价值观和美好生活。"

这只是出过"东阳马生"的我家乡的寒门贵子的故事。相信在全国任何地方，都有着类似的情形。

今天寒门之"寒"的程度不如以前，孩子们至少不用天天吃霉干菜了。随着中国城市化进程的加快，许多当年在土里扒食的农民进城了，有的就成了今天的中产，孩子们上个大学已经不用愁了——如今的高考升学率都高达百分之八九十。可让人感到滑稽的是，中产们纷纷开始自封为"寒门"了，而且感叹"难出贵子"了。也许如今农民、城里打工者和中产们的孩子考上名牌大学比以前难，但要知道以前寒门子弟能跳出"农门"就很不容易，在高考升学率只有个位数的时代背景下，极少数天资优异、极其刻苦、又多一点运气的农家孩子，才能考上大学，大多数人则留在了农村。所幸随着改革开放的进程，每个人都拥有了更多的选择和发展的机会，经过奋斗，他们的发展未必比上大学的同学差。

还有很多天资可能优异、学习可能更刻苦的农家孩子，初中毕业后因为中考成绩数一数二，上了中专。那时候中专是优先录取、掐尖招生的。为什么考得这么好的学生要上中专？因为他们想早点跳出农门，早点就业挣钱，减轻家庭负担。虽然这些中专生由于整体素质高，后来的发展路径也大多不错，有的中专毕业工作后还能够到大学甚至出国进修，在各自的岗位上做出一番成绩。但是由于最初的平台不够高，已经形成的路径依赖，他们的发展仍然是受限的。不得不说他们在相当程度上是被寒门"耽误"的。

《小欢喜》中林磊儿遇到一件事。他由于物理竞赛成绩好，北大训练营给了一个名额，但他想放弃，因为机票钱不够。如果他进了这个训练营，表现出色，是有机会获得北大最优惠签约的。所以朱曼玉说："一个信息，一张飞机票，就可能让命运不一样了。"这里只是一个林磊儿，想放弃的只是一个训练营名额，一种获北大优惠签约的可能性；可当年读中专的优等生何止成千上万，他们因为"物质寒门"而放弃的都是重点高中以及随后可以预见的考入北大清华的机会。

可是在上述的这种背景下，在那时候城乡之间的鸿沟大到很难跨越的阶段，我从来没有听到一个人发出"寒门难出贵子"这样的抱怨、撒娇，所有人都只认一个道理：幸福生活是靠自己干出来的！

也许今天人们心目中"贵"的成色要求更高了，我不知道通过升学改变了命运的人，是否能成为世俗眼中的所谓贵子。那种大富大贵的所谓"贵子"，历来就属于极其稀罕的凤毛麟角，否则又何"贵"之有？可如果"贵子"只是指接受了高等教育，并且在各自的事业上有所创获，对社会做出了一定贡献的人，那么这样的"贵子"又触目皆是，而且还在源源不断地产生着，又哪来的"难出"之说？

总是有人喜欢写这样的文章，标题还是"贩卖焦虑"的——《为什么你那么努力还是改变不了你的阶层》

这样的文章是蛊惑人心的，不过所提的也是个伪命题。以前的人不努力吗？努力了就改变"阶层"了？我知道很久很久以前，要"改变阶层"得通过两个渠道。一种是当武将。要靠"一刀一刀博得个封妻荫子"，但成功的人没多少，大多数还是填了沟壑，"可怜无定河边骨，犹是深闺梦里人""醉卧沙场君莫笑，古来征战几人回"。还有一种是考状元。希望通过寒窗苦读完成"跳龙门"的梦想，"朝为田舍郎，暮登天子堂"。但结果也是差不多，能通过乡试会试实现登科的，多是富庶人家子弟，真正的穷酸秀才，还是只能接受像范进或孔乙己那样悲催的命运。

朱曼玉们感叹除了物质寒门还有"信息寒门",也是在无病呻吟。要说信息的开放和易获得,还有哪个年代比今天更强?我们这些农村的孩子以前考大学的时候,真的属于两眼一抹黑,父母连什么是文科理科都不清楚,更不用说对专业有哪怕最基本的概念了。高考结束,我们面前只有一张高校招生目录,上面是密密麻麻的专业和招生人数信息。我跟所有的同学几乎是一样的,家长根本没有任何参与和建议的可能。估算好分数,几分钟就在教室里把志愿填完了。结果,发生把录取分数低的志愿填在后面、录取分数高的填前面这样的情况,简直是司空见惯。我自己呢?考分挺高(全校第一),抬手就在第一志愿填了浙江大学中文系,那时候,我连浙江大学是一所以理工类为主的院校、刚刚开始招收文科这样的信息都不清楚,也完全不清楚这专业是文理交叉的(后来全从理科招生),培养目标是科技编辑,结果呢?一进大学就老老实实学高数、物理。

那时候我们这样的,才是真正的信息寒门。

现在的升学路径更趋丰富,个人的选择机会也大量增加。我知道跟全国考生在一张卷子上同场PK相比,有的考生会因为家庭关系拥有更好的资源优势、渠道优势、人脉优势、信息优势以及"眼光格局"之类的优势。但总体而言，一切都是在阳光之下的。几乎没有中产"寒门"的家长不清楚自主招生、"三位一体"招生（浙江省的一项高考改革）是怎么一回事，即使家长不知道，学校也都会把所有信息传递到位。现在的高中学校里也开设了生涯规划课程，去帮助学生发现自己的特长，规划自己的学业课程和未来职业方向，等等。

在"寒门难出贵子"这个问题上，我其实一点也不想辩论。我总觉得这里面有太多矫情的、自怜的、撒娇的意味，当然也有"被焦虑"的成分。当人云亦云地言说着这种想法的时候，占据着我们的是一种根深蒂固的"弱者思维"，是思维方式上的寒门。所谓"改变不了阶层"、成不了"贵子"的根本缘由即在于此。

我承认，每个人生长的环境在一定程度上规定了他的"可能性"。但就像电影《楚门的世界》所寓示的，那种被设计的人生，其实就是习惯的人生，是你骨子里不愿去挣脱的人生。那人造的"天涯海角"，那自以为是的"诗和远方"，都不过是眼前的苟且。考试，升学，上了名牌大学，你的思维方式还是"寒门"，又如何？毕业找份好工作，结婚生子……不过让生命的浪费显得更加"合理化"一些而已。我们往往生活在自造的囚室里而不自知，以为那人造的隔离幕布是天经地义的。我们长期困守于一隅却不愿、不舍、不敢离开。眼前的一切圈定了我们的思想，剥夺了我们的勇气，我们却要把一切的账"赖"到寒门身上。这就是弱者思维。

什么是真正的寒门？真正的寒门就是思想上存在着的那块破幕布，那道短篱笆，我们却不去刺破它、跨越它。真正的寒门就是自我设限的习惯，是掩盖自己没有努力生活的一个幌子，是不愿意自己扛责任，却把不理想的状态归咎于客观因素的思维方式和心智习惯，那是一套消极的却又让自己心安理得的mindset（观念模式）。这样的mindset是自怜自艾的，是自我抚摸的，它居然也会带来一种满足感，就像有个人凡事总爱说会有坏事发生，当坏事真的发生时，他会装成一个先知的样子说："喏，果不其然吧，我早就说过的呀！"

我们真的得好好想一想：胶住我们翅膀的，究竟是什么？

印度电影《三个傻瓜》里，很多人以为那个兰彻家境优渥，后来才知他并不是含着金钥匙出生的，相反，他只是个花匠的儿子，因为爱学习、会学习，才代替那个"富二代"读大学，当工程师。这里我们看到了贫富差距所构成的真实障碍。

我并非不理解今天中国父母们"望子成龙"的诉求，我只是不喜欢家长们把最好的东西无私地给孩子，却把最自私的期望加到孩子头上。我理解那些处于贫困中的家庭，他们冀望孩子读个好学校谋份好职业的"出息"心理。寒门的妈妈计算着"秋葵12元，西兰花10元"的生存压力也是最真实的痛点啊。但对于大多数中产家庭来说，他们并没有困在这样的僵局里，倒是应该好好想想，什么才是孩子最好的出路。

家庭条件的差异是必然会有的，但在今天这个社会上，贫富差距所带来的命运的扭矩并没有我们想象的那么大。美国有一所KIPP学校，校名就是英文"知识就是力量工程"的首字母缩写。其"开学导引"里就说了："很多人固执地认为，要让低收入家庭的孩子学业出色，就像让芭蕾舞演员踢出漂亮的足球那般不可能。那些来自城市贫民区和乡下、父母不会读书的孩子，被认为大多注定只能考低分，做粗活，过穷日子……"但事实证明，非也。在中国的国土上，我们的办学秉着社会主义属性，把公平、均衡作为当然的价值追求，把立德树人视为办学的首要宗旨和根本目标，是不会允许"寒门难出贵子"这样的现象存在的。

只不过，我们得清楚：高考不再是人生分水岭。上了大学不是"天之骄子"，上了名牌大学也不见得自动允诺一个灿烂前程。如果不是有意识地去发展自己的核心能力、高阶能力，如果没有如陆象山说的那样"收拾精神，自作主宰"，而是躺在一点微不足道的"虚荣"上面混日子，读了好大学照样可能把一手好牌打得稀巴烂。李书福、曹德旺都是放牛娃出身，没怎么读书；马云高考复读了几次，最后勉强考上的不过是杭师院……但他们却实实在在地在改变着中国，改变着无数人的命运。这样的例子太多，举了也没啥意思，也不意味着什么"读书无用论"或"知识改变不了命运"，而是想说"学历不太有用"或"伪学习、死知识改变不了命运"，那些成功的人，那些寒门里出来的"贵子"，其实恰恰是真正有学习能力、核心素养的人！

所以，我们需要思考的是，究竟该培养什么样的"贵子"。

必须要说，人本身是无贵贱之分的，一切生命皆平等。但从社会学意义上，人会被强分贵贱，这也是无可奈何之事。我倒更愿意从另外的角度来看待"贵子"。何为"贵子"？简而言之，就是有能力和有责任的人，亦即用自己不断增强的能力和与之相适应的责任感，对他人、对国家、对社会做出贡献的人。

"贵子"首先是要有能力，主要是创新和创造能力，而且这种能力必定是不断提升的。一个人的优秀和成功，绝不会随随便便而来。高手的进程，往往是加速度的，像开挂一般，而庸人则只会越来越陷落在自己的平庸里，于是对那些本来在同一起跑线上的"同龄人"望尘莫及。我说过了，这跟一个人的mindset有关，或者说是跟"闭环能力"有关。其实也没必要说得这么玄乎，缘由就是我以前常说的那句话："越积极就越积极，越消极就越消极。"进入良性循环（"闭环"），什么都有可能。一个人能力的发展跟学习一样，不是被灌输和填充的，很少是线性匀速的，而是会像蘑菇一样疯长，一浪推着一浪，一种能力诱发另一种能力……直到进入一种指数级成长的状态。我一直说，强大的能力、优秀的品质是会成群、会抱团的，它们会产生集聚效应甚至聚变效应。

要出就出这样的"贵子"，而不是满足于考上了某个著名大学的"贵子"——这还根本算不上。

"贵子"还要有责任感。没有责任感，没有善良，那么一个人的能力越大就越可怕。也许他会有很大的所谓"成功"，但不可能有自我以及对他人的"成全"。《小欢喜》里林磊儿懂得给他父亲擦汗，这是一种非常优秀的、在今天较为难得的素养，难怪感动了老师李胜男。不知大家有没有注意到，所谓"学霸"往往是比较"高冷"的。这种"高冷"背后意味着什么，我不敢妄下判断，但的确心有隐忧。我听很多老师说起过，"学霸"常常比较冷漠，有的甚至还是"白眼狼"，对老师无一丝感恩之心，总觉得考得好全凭自己，所以毕业即失联。有部小说《海上摇滚》里就写了一群孩子中学毕业搞联欢，到了学校才发现只有一些成绩不怎么样的孩子参加了——而正是这群几乎被放弃的孩子，无意中经历了一次海上冒险，不但进入了真正的学习状态，而且也懂得了坚持、善良和责任的意义。

古语云："富润屋，德润身。"真正的"贵子"，必定是有德行的人，是人格优美的人，是能够创造成功同时又懂得成全的人。

每个人在这个世界上都会遇到各种障碍，人正是在克服障碍和困难的过程中成就自身。我喜欢用杨万里的两首诗来喻示人生的进程，其一是《过松源，晨炊漆公店》："莫言下岭便无难，赚得行人空喜欢。正入万山圈子里，一山放过一山拦。"其二是《桂源铺》："万山不许一溪奔，拦得溪声日夜喧。到得前头山脚尽，堂堂溪水出前村。"

一个善良、努力的孩子，就像那奔流的溪水，没有什么可以拦住他奔向前程的步伐。寒门出身的俞敏洪也是这样说的：每一条河流都有自己不同的生命曲线，但是每一条河流都有自己的梦想，那就是奔向大海。

这才称得上是成"人"之美。

少年的心，请不要在风中凌乱

很多同学向老师反映室友林磊儿，5点起床在走廊上做题，晚上9点熄灯后在背单词，影响到他们休息。

有同学说法更犀利——"他制造紧张空气。"

——《小欢喜》

林磊儿物理竞赛闯进全省前15名，获得一等奖。这一成绩远超本班"物理头号种子选手"乔英子。

林磊儿在微博和QQ空间里写道："付出真好，回报真好，被人压着的滋味真不好……"

"大学霸"乔英子看到了这段文字，哭了。嘟哝着：什么意思啊？他被谁压着了？

她说，这人好可怕，原来他一直是把我当假想敌的，好可怕。

……

乔英子的妈妈亲自上阵了。她连夜写篇文章贴到学校公众论坛上:《从所谓"被人压着的感觉"说起》。

——《小欢喜》

林磊儿从书上抬起眼睛,说,我压根儿没想要他的钱,是他非要给的,我不想太见外,因为我想跟他交个朋友。

林磊儿说,我本来就是一农民小孩,在家也是干活的,我在班里也是抢着给大家做事的,顺手给人洗件衣服,这又有什么关系呢,我也需要有"被需要的感觉",懂了吗?不是你想的那么贱。

林磊儿说,我是来这儿读书的,也得是来找资源的。

林磊儿说,现在,我没有,nothing,但是我有我的同学,全城最聪明的同龄人、最有资源的同龄人都在这里,所以我说我需要他们,因为他们就是我明天的资源。

林磊儿说,冯一凡,我最讨厌你可怜我的样子,我最受不了你看不起我的样子,我最受不了你跟那些人这几天其实在讥笑我的样子……

——《小欢喜》

我曾经在《中学生天地》杂志上，以"知心大哥哥"的身份，收到并回复过100多位中学生的信。他们在信里用匿名的方式，尽情地倾吐着各自的烦恼，并真诚地希望得到指点。

你知道给中学生带来烦恼和困扰最多的是什么吗？是人际关系：朋友关系、同学关系、亲子关系、师生关系、男女生关系。如果要给他们的烦恼排个座次，排第一位的是"同伴关系"，第二位的是"亲子关系"，第三位才是"学习成绩"。这方面，多的是专家们的调查研究，我就不引用了。

我们可能想象不到，在十来岁的孩子心目中，"朋友"二字所占的分量有多重。我们作为成人，可能还会自以为是地笑话他们：小屁孩有什么朋友？要什么朋友？

我是女生。我很真诚地对待班里的每位同学，却总找不到真正的朋友，和每个人的关系都一样……

我是一名初二学生，在班里不受欢迎，似乎大家都躲着我。好不容易交到一个好朋友，但在困难时总离我而去……

初一时，我有个很好的朋友。不知道为什么，初二后，我们分在一个班，也都住校了，两人的话反而少了。面对眼看就要失去的友谊，我束手无策……

我是初一学生，可从进中学到现在，我还没有一个很要好的知心朋友……

我是个胆小，不太会说话的女孩，也因为这样，尽管我的成绩在班里名列前茅，却得不到老师们的重视，朋友们也离我越来越疏远……

随手选了几封来信，字里行间透出的，是渴望得到"朋友"的迫切感，和害怕得不到、害怕失去友情的满满的不安全感。孩子这样的心声，很可能从来不会向父母吐露。因为在他们的意识里，父母并不关心这个，关心的只是学习成绩，再说父母即便想关心也没用。

这些渴望友情的孩子，都有一点点自卑。孩子离开温暖的家，到了一个群体中学习生活，就跟植物经过了移栽相似，他们需要在陌生的土地上重新生长根须，过程中有可能出现适应不良，而"重要他人"能帮助他们更好地获得位置感、角色感。心理学家认为，在婴幼儿时期，孩子的"重要他人"无疑是父母；到了小学低年级阶段，"重要他人"就变成了老师；到小学高年级和中学阶段，"重要他人"主要是同伴，也就是同学、朋友、小伙伴，当然还有——偶像。可能让父母们既欣慰，又担心，还略有点失落的是，这时候孩子们已经开始渐渐地与父母发生"小别离",家长不再是最重要的他人了。这个阶段的他们对友情有着更强烈的需求,因而也对"朋友"有着较为苛刻的要求:

究竟什么是朋友?难道是有困难了就来找我,好事却从来想不到我?每当我遇到困难,我的朋友们从来只是打个电话来问问,没有实际行动,装模作样谁不会?

我们班的女生呀,总是天天说别人坏话,表面上跟你玩得很好,可背地里不是说你就是说她……

我有一个朋友,她总常常是说某某同学城府很深之类的,但每次她刚和我说完,就去和那个某某同学玩,她们甚至还手拉手。作为她的朋友,我没有揭穿她……

读来是不是有点"莞尔"的意思?还有很多孩子的烦恼来自诸如"本来跟我要好的,但好像跟别人更好"、"明明是我的好朋友,却跟我不喜欢的人来往"之类的情况。我们应该注意到,孩子交朋友,往往是把"我"放在更重要、更中心的位置上的,当有不合"我"意的事情发生,朋友关系就会处于危机之中。我们不可能要求这个年龄段的孩子拥有成熟的甚至有点世故的"朋友观"。记得歌手大张伟说过:"所谓朋友,就是那个看透了你还喜欢你的人。"这是要长大了,经历过一些事情以后才会有的领悟。

　　还有很多孩子写信来讲班上的一些"坏同学"：有的欺负残疾女生，有的敌视班干部，有的打人巴掌，有的死缠烂打追"女友"……意识到什么了吗？写信来的都是好孩子，真正的"问题学生"其实是在"信纸的另一面"。可我的回信只能写给感到困惑和烦恼的好孩子，让他们学会"把麻烦变成生活的滋养"。我希望他们能够在心智模式、思维方式上所得到点滴领悟，慢慢地培植起一种理性的、包容的、善于自省的思维能力和习惯。我在回信中的每一句话，都是从自我的修养出发的，引导孩子们学会换位思考，学会退一步想，学会自我省察，让自己从钻牛角尖的固执中，从单向思维的偏执中解放出来。

　　在《树不必对风生气》一书中，我告诉找不到朋友的孩子："有一位朋友叫兴趣"，要"给友谊一个支点"，懂得"很多美好的事都从尴尬开始"，让他们"别害怕想象中的失败"……

　　我告诉在朋友或群体中对他人心怀不满的孩子："没有完全对等的情感交换"，要"尝试'肩并肩'的交流"，"别轻易贴'坏同学'的标签"，"对于批评不要穿上'防弹衣'"，"让自己先成为正能量的朋友"，"不要让最美的年华被吵闹和怨恨占据"……

我告诉压力比较大的孩子："在乎真正需要在乎的"，"卸掉独断语言带来的压力"，"建立一种强者心态"，"不要把一小片树荫看成黑云压城"……

我告诉没有悦纳自己、缺乏存在感和自我价值感的孩子："把这点自卑当成上帝送给人类的礼物"，相信"我只能是我，并且幸亏是我"，要知道"不如意恰恰来自'抱怨模式'"……

对这些中学生来说，我也是一个"他者"。我在这里罗列一些问答，是想让家长了解孩子们最关切、最焦虑的问题究竟是什么。正如一位心理老师说的，家长想要引领孩子，首先是要读懂孩子，读透孩子。

不只是在找朋友、交朋友方面，人只要置身于群体之中，就会有冲突、有麻烦，或多或少产生心理上的困扰。儿童、青少年的认知还不完善，规则意识正在形成，而自我意识开始凸显，又拿捏不好人与人之间的分寸感、距离感，再加上课业负担重、学习竞争激烈等因素，在学校和班级这个半封闭的空间里，更容易产生心理上的乱流和波动。我收到的中学生来信中，有相当一部分涉及这方面，其主要表现是：厌烦别人，厌弃自己。夏达根据14岁时日记创作的漫画《哥斯拉不说话》，女主人公小末就有这样的想法："从来不能理解，为什么这么糟糕的生物和自己在生物学上是同类。"她也并不是那么接受自己。

可能有某个时刻，孩子会觉得身边的一切都糟透了。

父母吵架了。上学迟到了。头发被那个"洗剪吹"毁了。衣服上那块牛奶渍看上去太污了。考试彻底砸了。老师对那个与你暗暗较劲的同学微笑了。同桌莫名用肘子把你搁在桌上的胳膊顶开了。要好的朋友明显在疏远你，开始跟别人挤眉弄眼了。喜欢的明星在网络上被人喷得太惨了，更糟的是偶像可能真的干出什么坏事了。多年来酷爱的球队输球了，而且输得太难看太让人憋屈了……

对学生来说，跟朋友闹别扭是烦心的，但最糟糕的体验则是被同学嫌弃、讥笑、排斥，那堵无形的心墙会把人逼疯。如果陷于此等境地，一些孩子会选择用冷漠的伪装来掩盖自己的脆弱，冷漠是他的保护色。也有的会在语言和行动上采取一定的攻击性，或者是想要逃离——就像夏欢欢在"星光少年"风波后的心态。

《小欢喜》中，林磊儿就体会到了那种被室友"围剿"的感觉。他很早到走廊上做题，很晚还在背单词，固然在一定程度上影响到别人休息，但应该说这种影响是微乎其微的（他人在室外），真正扰动的是别的同学的心理。他们会觉得别人的过分努力使自己在竞争中处于不利位置，可是身心的疲惫又不允许他们同样起早贪黑，一段时间下来就会积郁起一股莫名怨气。"制造紧张空气"就是一个现成的口实。

鲁引弓对同学间的这种心理把握得很准。高中女生吴漪对我说起，考前一个月，同学们的神经都格外紧张，一点小事就可能引起情绪的波动。而且很多同学身体都处在一种亚健康状态，动不动就感冒、拉肚子、发烧，这都是心理因素造成的。尤其是大家处在一个高密度的群体中，人好像变成"易燃易爆品"，一个小火星就会爆炸。后来，班主任特意到班上来讲过一通话，所说并无特别之处，无非是希望同学们都能谦让一点，以保持一种良好的应战状态。但是当温暖的话语款款道来时，很多同学却忍不住流泪了。

读东野圭吾的小说《郁积电车》时，我大为震惊，那辆拥挤的电车上每个人脸上一本正经，内心却都是暗潮汹涌，充满了恶意的猜度、疑忌、窥探和怨气。老人暗自抱怨抢座的年轻人，女人偷偷诅咒嘴喷蒜臭的老头，中年人假装看报却想偷窥白领的大腿，上班族不得不给孕妇让座却又兀自咬牙切齿……也真是够了，那简直是一辆被恶毒和戾气缠住的变态电车。

千万别让班级变成这样可怕的"郁积电车"。

在孩子因为人际问题而烦躁的时候，家长可以做些什么？

要让孩子学会观察和洞察心理。孩子可能刚刚认识到，"原来不是每个人都喜欢我"，所以会有心理上的落差。说得直白一点，从小学高年级开始，孩子就不再是天然"可爱"了。他们以前纯粹的"甜"开始变得有些"青涩"。他们很多方面会像一只刚刚啄破蛋壳的"丑小鸭"。家长要让他们认识到，在群体中，没有人会像父母一样"无条件"地接纳他们，他们要通过自己的表现与他人建立起良好关系，然后发现"原来不是每个人都讨厌我"。贾宝玉还有过失落呢，当他发现小红喜欢的居然是贾芸之时，生出了"原来不是天底下人都爱我"的感慨。

要让孩子学会疏导情绪和排解压力。心理学家说，很多问题是被我们观察方式创造出来的，你当它是个问题，它就真的会成为问题，反之亦然。很多情绪来自"计较"，很多压力来自"比较"。家长可以用过来人的智性告诉孩子，因为"计较"和"比较"而心生烦恼都是不值得的，因为今天的得失从大一点的尺度看啥也不是，因为孩子的命运并没有与他人纠缠在一起，所以可以不那么在乎。更重要的，是先让自己变得更好。

要让孩子学会互相尊重和平等对话。人是在不断成长的，他们越是长大，就越有独立性。家长不要用"刻舟求剑"的眼光去看待孩子，不要总把他们看成婴儿、幼儿。根据"六阶段理论"，孩子将分别经历"我不想惹麻烦"—"我想要奖赏"—"我想取悦某人"—"要遵守规则"—"我会考虑他人"—"我有自己的行为准则并奉行不悖"这六个阶段。孩子到小学高年级和中学阶段，开始更多地有自己的主张，父母要学会尊重他们的想法，并且以身示范该如何尊重规则、尊重他人，如何给他人留余地，有"善意的拿捏"。

要让孩子学会反思，培养责任心。孩子与他人发生冲突，家长不能一味护短，要让他们学会反思，主动从自身找原因，并且承担行为的后果。要让他们知道，不是所有的错误都可以用一句"对不起"轻易打发的。要让他们形成底线意识、边界意识和责任意识。特别值得注意的是,大人不要过度介入孩子之间的矛盾和冲突,除非真的必要,应尽量保持一种相对疏离和淡定的态度,否则只会让事情复杂化。《小舍得》中评选"星光少年"相关当事人的诸位妈妈、《小欢喜》中季扬扬的妈妈和乔英子的妈妈,在觉得孩子"受委屈"之后都有过于强烈的"护犊"冲动,都是错误的示范。

"亲子疏离与学业失败是学生一切心理适应问题的根源。"[1]如果孩子在学校里感受到人际关系上的紧张,一定要让他认识到家是一个可以让身心全都放松的地方。让他知道,即便退无可退,他还可以退到家庭的宽容和温暖里。

"我家在农村,上中学两年了,可我连一个朋友都没有,经常受一些同学的欺负。大多时候同学都离我远远的,甚至连老师也讨厌我。我有时甚至想去死,怎么办?"

这也是一位中学生写给我的信。从描述中可知,他是受到了校园欺凌。对于这样的欺凌,如今全社会都高度重视,而且采取了零容忍的态度。我在给他的回信里主要是做了心理疏

---

[1] 张春兴:《教育心理学》,浙江教育出版社,1998年出版,第159页。

导，但这是远远不够的。

《小欢喜》中，季扬扬让林磊儿洗衣服，算不算校园欺凌？冯一凡替他打抱不平，可林磊儿一点也不领情，他觉得自己来自农村，想跟季扬扬交朋友，帮着做点事儿，没什么不好。

林磊儿的举动让我想到了俞敏洪当年在北大的故事。据他自己说，来自农村的他进校后，一直有些自卑，大学四年，承包了打扫宿舍卫生和打开水的活儿，每当没有开水了，同学就会说：俞敏洪，怎么还不去打开水？他简直像个"受气包"。

俞敏洪是不是受到了校园欺凌？至少他自己从来没有这么想，相反，他那时候所做的一切，为他后来创业时赢得王强等同学的鼎力支持打下了基础。我不止一次在现场演讲中听他眉飞色舞地讲起这段"开心往事"。

但校园中的欺凌现象的确也是真实存在的。我曾听一位心理学者说起，有的中学生在校园里还搞起了"帮派"，之所以如此，是因为一些学生身处一个"强势团体"，能体会到一种力量感和归属感，进而找到一种安全感。

这令我想起了自然界中一个很有趣的现象。有种蝴蝶能发出令人厌恶的怪味，其色彩通常鲜艳夺目，非常华丽。因为这种色彩的"警戒性"，以它们为食的鸟类就学会躲避它们了。一些并无此种怪味的蝴蝶见它们比自己更加安全，就想占一点小便宜，于是，开始模拟那些味道怪异的蝴蝶——它们在气味上没法学得像，但身体的色彩却逐渐艳丽起来。这些假模假样的"坏蝴蝶"还真的使很多鸟类和博物学家上当了。

有的学生也像那些蝴蝶一样，主动披上了"坏孩子"的色彩。而他们的这种"伪装"并不是完全无害的，会真实地伤害到别人。何况，有些欺凌者并不仅仅是"伪装"强大，而是通过欺凌来宣示不正当的权利，满足不正常的心理。

面对校园欺凌该怎么办？态度应该是毫不含糊的：NO！美国的芭芭拉·科卢梭在《如何应对校园欺凌》一书中开篇即写道："欺凌是一个生死攸关的问题。它给孩子造成了极大的伤害，而我们常常对其掉以轻心。我们成年人不可以再继续轻视、不予理睬或否认这种伤害的存在了。"[1]

苏霍姆林斯基《致女儿的信》谈的虽然是爱情，但也谈到了人应该有的自尊和自爱，他提醒孩子："要记住，生活中不

---

[1] 芭芭拉·科卢梭：《如何应对校园欺凌》，华东师范大学出版社，2017年出版，"前言"部分。

仅仅有美和善的东西，遗憾的是还有丑恶、狡诈和卑鄙的行径。你不应该只具有一颗坦白和善良的心，这颗心还应该是严肃、果敢和孜孜以求的。"

善良，但绝不做一只被撕碎吃掉的小兔子。这就是苏霍姆林斯基的态度。

在对有关校园人际冲突和欺凌现象做过认真思考后，我希望家长都能让孩子们把握好一个安全至上的"行车原则"。

什么是"行车原则"呢？当我们开车在路上时，被摆在第一位的是让自己与他人都处于安全的境地，所以无论其他车辆是否违章违规，我们都要尽可能避免与之发生碰撞。当其他车辆有违章或不文明行为如非法闯红灯、违规超车、乱打远光灯、随意越界行驶时，我们即使有强烈不满，或带来极大不便，也必须采取相应措施以避免发生车祸事故。彼时彼刻，追责是第二位的。因为如果失去了安全，那么即便此后可以把责任追究得一清二楚，也无法挽回致命的损失。

也就是说，避免冲突，或者当冲突无法避免时，不要让冲突升级酿成严重后果，是在校学生在第一现场、第一时间需要做出的正确选择。

可能你会说，你这不是自甘为弱者吗？当有人欺负你时，你不挺身而出，不正面对抗，不奋起反击，岂不是一种屈服吗？正义在哪里？公道在哪里？我想说的是，对于欺凌必须保持毫不妥协的斗争姿态，尤其是校方和全社会乃至整个成人世界必须做好"上游"的防范、规范、管教，"中游"的监控、巡查、防护，"下游"的惩罚、追责、补救等一系列工作，从而打击欺凌现象，彰显公道正义；但对于作为个体的未成年人而言，我们却不能要求太多。——正如在你合法行驶时，一辆汽车闯红灯高速冲过来，你当下所能做的只能是避让或减速。

在一个人真的被逼到墙角时，或者狭路相逢时，当然要反抗，当然要挺身而出，绝不畏惧退缩，这是根据具体情境做出的选择——被欺凌者忍无可忍的奋起反击可以让自己从被动局面中摆脱出来——而在此过程中，安全脱身仍是第一位的。而且当看到有欺凌现象发生时，所有人都不能仅仅做旁观者，因为旁观者并不是无辜者，以后也可能成为受害者。我提出"行车原则"，更多的是指一种在力量绝对不对等情况下的规避、求助、自救策略，此后我们要有积极的抗争、投诉、追责、追偿，绝不含糊，绝不姑息。不怕威胁，果断举报，敢于作证，这难道不也是一种勇敢吗？

校园欺凌是社会欺凌的缩影，这一层暂且不论。许多学者认为校园欺凌现象与"缺爱"的家庭环境和教育方式密切相关。家长必须做好示范，家庭成员之间要有互相尊重、平等的态度，待人处事要宽容友善同时又能坚持独立判断，能直面挑战，敢于任事，勇于担责，让孩子明白与人为善、合作互助的相处之道，同时又要培养他们独立、正直、自信、自强的个性和意志品格。在家庭管教中不能对孩子实施过度控制、非理性惩罚等，更不能用羞辱、贬损的方式，把他们养得依赖性强、自尊感低、唯唯诺诺，缺乏主见——说得俗一点，这样的孩子有"招欺负体质"。

　　当发现孩子受到欺凌后，家长不是去责怪他懦弱之类，而是首先要赞扬他能把事情告诉父母，告诉"70亿人中的唯一"；然后告诉他在保护好自己的前提下，应积极主张自己的权利，不是忍气吞声，也不是简单的以暴易暴；同时还要与校方、老师进行沟通。而在整个过程中，要让孩子认识到父母是值得信赖的，"知道家是可以退的地方"（《小别离》），同时要让他对自己的能力有一种坚定的信念。

　　要让自己的孩子具有一种积极阳光的少年气概。

　　曾国藩写过一文，大意是，少年文字总贵气象峥嵘，当蓬蓬勃勃如釜上气，要追求汪洋恣肆，而不是缩手缩脚。这句话给我留下很深刻的印象。他说的是作文，但其实更是指做人做事要有少年气概，要正直、勇毅、果敢、有器识、有格局，有了这些"大鱼"，当他面临人生中的一些选择和挑战时，遇到关键的转捩点时，就不会退缩，不会懦弱。

孩子终将离开父母，在新的环境里历经风雨。在那样的境遇里他不可能再得到家庭的庇护，不可能再躲在掩体里获得安全感。如果他是一个柔弱的、依赖他人的、缺乏主见的人，那将寸步难行——而这些品质，跟分数之类可以说没什么关系。

所以，面对不确定的、充满挑战性的未来之海，我们要让每个少年都做好担当"小船长"的准备。他们将拥有属于自己的航程。"你可以给予他们的是你的爱 / 却不是你的想法 / 因为他们自己有自己的思想 / 你可以庇护的是他们的身体 / 却不是他们的灵魂 / 因为他们的灵魂属于明天 / 属于你做梦也无法达到的明天……"（纪伯伦诗）

抓住"核心素养"这条水底下的大鱼

"妈妈,此刻你在门外等我,我在考试;两天前,你在门外等我,我也在考试;五天前,你还是在门外等我,我还是在考试……我们都在等,一次次等着,妈妈,我就是一条挣扎的小鱼,一次次被抛弃在海岸上,期待下一次涨潮被卷回大海。"

这是欢欢面试时写的作文,写给妈妈。

——《小舍得》

"生命中有几个12年?在12年后,我们今天所完成的大量作业,可能除了被证明是敲门砖之外,真如一位大学生前天对我说,绝大多数将被成人生活证实为'最好年华所做的无用功'。现在当我准备对它们进行责备时,大人却告诉我一个

'真理'，即12年苦读甚至痴读的未来承诺是——12年后，几十年的好职业、好生活。

"这样的换算，对谁都充满诱惑。但我不愿意。因为青春过去了，就不会再来。"

这是同学李想的一封信，写给朵儿。

——《小别离》

有一年，我收到一篇稿子，是一位媒体人给一位"虎爸"所著书写的序。序言中的一些话至今还记得："真不想听一些媒体嚷嚷的——当今学生学习压力如何如何繁重，孩子如何如何喘不过气来！但在实际生活中却很少听到孩子在叫，那谁在叫？恐怕是家长在叫，因为大家都想当甩手掌柜，父母也怕烦……"

有点意思。现在孩子学业负担真的不重？

"到底如何培养孩子？很简单，你想要孩子一生快乐，那就不要让他的童年少年在发傻、打盹、咬指甲……要让他的生命每一分钟充满快乐和有用……就不会考不上好的大学，毕业后就不怕找不到工作。如果你一定心疼孩子，或者一定要让他'自由'发展，那等他长大以后，什么好大学呀、好工作呀、好对象呀，你也不要有太高期望的。因为好的资源是有限的，是留给聪明人的。"

这番话在家长群体中颇有市场。这样的"教育"几乎成为民间信仰，而且是一种迷信、盲信。

在教育部推出一系列减负举措以后，网上却出现了这样的声音：

"说真的，教育部，为了国家的未来，请不要给我的孩子减负"；

"我们为什么不能减负，为什么不能被'快乐教育'迷惑？"

……

那位"虎爸"名叫彭水明，我算是认识的，一起聊过孩子的教育问题，他还把《老爸是个"土教练"》这本书寄给了我。从他在微信朋友圈里发的信息可知，他培养儿子彭衢杭可谓不遗余力，有股子"狠"劲儿。儿子11岁时，就获得过94个荣誉，涉及轮滑、游泳、跑步、足球、篮球、乒乓球、羽毛球、围棋、帆船、电子琴、书法、绘画、陶艺、作文、小号、大镲、表演、电脑、口琴、摄影等二十多项。前几年一个较著名的新闻事件是，儿子13岁时在炎炎夏日"千里走单骑"，踩着轮滑，历时20天，抵达位于广东清远的恒大皇马足球学校。

彭水明的做法，我总体上是认同的——但他对于荣誉的那股子"收集癖"般的执着，则不以为然。他这些年陪着儿子做的，其实跟那篇媒体人序言里写的是两回事。他恰恰没有把儿子的头一天到晚摁在课本里，做作业、刷试题，而是相反，让他充分地去培养自己的兴趣，发展自己的能力。也就是说，他儿子学了那么多，大多与文本化的学业负担无关，是"玩"的东西。他儿子之所以能取得这么多令人瞠目的成绩，与他对儿子从小的养育方式有关。

他比较好地践行了"教育要趁早"的理念。这个"趁早"主要表现在哪些方面呢？大致梳理一下，可以不完全地总结为：早早放手，无论学走路还是学轮滑，摔倒了要自己起来，学好轮滑锻炼了儿子的身体协调性，为他学其他项目打下基础；早早就注重养成儿子独立性，让他单独拿筷子吃饭，在保证安全的前提下鼓励他单独过马路；家长不过度依赖于教练和老师，儿子学什么，家长就迷什么；家长学习各项运动技能，懂得要点，故骂儿子时能骂到点子上，让儿子服气接受……还有非常重要的一点是：他从来没有逼着儿子学一样技能！

就像我屡次申说过的：最大的浪费，是那些被剥夺或错过的成长机会！而一旦孩子拥有那样的机会，养好了习惯，磨砺了意志，强化了自信，获得了成功体验，在某一方面有所突破以后，其综合的能力就会疯长，或者说，"开挂了"。对家长来说，只需要因势利导就可以了。

在这里，没有做不完的作业和考试，没有"12年的无用功"，没有像鲁引弓"教育四重奏"或现实生活中的大多数孩子一样，"我在考试，我还在考试……"像一条被搁浅在岸边的涸泽之鱼……当同龄人的眼睛变得近视、脊背变得弯曲，那个叫彭衢杭的男孩还拥有他的"野性"，他的天地大得很，在烈日下，在寒风中，在课本外，跑、游、跳，弹、拉、吹。动得生龙活虎，静得心如止水。这不是那种低效无益的、就冲着考试升学的课业负担（序言作者把一本好经念歪了），而是与一个人的核心素养有关。

乡村教师梁俊带着贵州大山里的孩子登上央视，演唱了一首《苔》以后，台上台下的嘉宾和观众都感动流泪了。孩子所在的学校也在音乐课上让他们看了这段视频，听说好多稍微懂事点的女生都抱在一起哭泣。感动的积极意义就在于：经由感动，人们看到了困境中的希望，感受到了存在的勇气，获得了行动和改善的力量。在感动的热泪里，我们保全了关于善良和美好的最后约定。

可是我又觉得这样的感动有些可疑。因为这些流泪的城里孩子和家长，正是饱受着沉重的课业负担折磨的人群，从某种意义上说更可怜。

去年，衡水中学把"连锁店"开到了浙江平湖。消息传出，众声鼎沸。人们好像终于抓住了一个契机，可以把长期积郁于心中的苦恼、焦虑、郁闷、困惑、无奈一股脑儿表达出来。这是真的，说起教育，有几人不是一把辛酸泪？有几个不是满肚子的苦水？

衡水中学的教学模式是先进还是落后，做这个评判并不难。军事化的严苛管理，洗脑式的集体文化，违反人才成长规律的教学手段，誓把学生最后一滴潜力都挤压在考场上的过度功利化的应试套路，使我们很难把这学校与"先进"搭上关系。

即便这所学校每年都保持超高的高考升学率，可以把上百名学生送进北大、清华；即便这里有的学生在毕业后充满了对当年残酷青春的感恩回忆，似乎所有的压迫都变成了一种苦难美学的资源；即便无数家长对这学校心怀热切的向往，把它当成名校的保险箱和所谓成功的加油站……我还是要说，这是竭泽而渔、不留余地的教育，是过度控制、死磕到底的教育，它也许可以收一地、一时之效，但绝非人才培养的正途。

只是，在多少人心目中，分数、升学率、上名校人数，几乎是绝对的硬通货。谁不希望自己的孩子能上名牌大学？谁愿意为看不见摸不着的东西（比如支撑人生幸福的素质，比如对于真知永不衰竭的渴望，比如创造的可能和心灵的自由）支付代价？

我曾经思考过这个问题：为什么在军事化的管理之下，在严酷的竞争环境里，学生们并不像许多人以为的那样对这种状态感到厌恶，他们反倒显得习惯。我想这就是"沉浸体验"的结果。就像衡中一位女生说的，周围人很努力，"自己不学就像奇葩一样。"

于是，几乎每一所超级中学里都会出现这样的"文化"景观：校园里触目皆是"杀气腾腾"的标语；请来成功学"大师"在操场里施展催泪教育；考前举行令人血脉偾张的誓师大会……

然后学生就成了这样：回宿舍、上厕所、上食堂全都争分夺秒跑着去；晨跑前在昏暗的路灯下轰轰然地读课文；一边跑操一边喊着打鸡血的口号；在食堂里排队打饭的几分钟也捧着一本书；还有"吊瓶班"的孩子边打针边学习……

这样的学习，简直不配称作学习。这样的学习太功利了，太刻板了，有可能毁掉一个人原生的好奇心、求知欲和创造力。强大的内驱力如果只是指向一张张试卷，一道道题目，只是把人牢牢地摁在一个窄小的世界里，埋头刷题，抬头看分，没有选择性，没有自主权，万念归一，只为高考，那么学习就成为无意义甚至反效的一件事。

其实大多数学校跟衡水中学是相似的，无非段位低一点、量级小一点、程度轻一点而已。这就是今天的"读书生态系统"。

想想那疯狂的培训班。

想想那跑偏的奥数和发烧的杯赛。

想想学校里那些为应付检查而造假的课表。

想想那些凌晨两点还在苦苦熬着做作业的学生。

"全国都在喊素质教育，做到的有几个？"

"五十步笑百步而已。"

"看看江浙沪孩子的可怜程度吧，起码衡中的孩子受伤后考好了，我们的孩子受伤后还在哭泣。"

"真不如去衡中，反正一样受折磨。"

"看了衡中的作息时间表，学生的睡觉时间超过我们这里大多初三的孩子。"

"我女儿高一，每天睡五个小时。"

"衡中的学生，苦过以后笑；我们这里呢，苦过以后哭。"

……

这是我听到的江浙一带许多家长和教师发出的感叹。尽管其中有不够客观和理性的一面，溢出的是负能量，但这样的感叹还是应该给我们最大的警醒，那就是，我们的教育中还是有很多的苦涩。

现在每天晚上，欢欢除了做学校布置的家庭作业之外，还得完成从"考能"带回来的试卷。

每周七八张试卷，数百道题……

于是，刷刷刷，欢欢在灯下做题。

于是，刷刷刷，欢欢在班上的数学成绩排名在快速上来。

......

这是《小舍得》中一个再普通不过的场景。类似的场景，很多很多。

这种直奔考试去的挤压式的"学习"，有所谓的"学而思"吗？有张载所说的"学则须疑"吗？有梁启超所说的即使把他烧成灰也能从灰中找出来的"兴趣"两字吗？有智力边界的真正拓展吗？有知识消化后在心灵深处留下的积淀吗？

只有灌输，只有重复，只有记忆，以及在这种伪学习状态折磨下的兴趣丧失和动力枯竭。

难怪方柏林会说：知识不是力量。

这样的学习，与核心素养无关。

那么，什么是核心素养？

上海教育学会的尹后庆先生对该问题有着深入的研究，并且一直不遗余力地倡导核心素养的培养。我多次听过他的相关演讲。他的表述可以给我们一些基础性的认识。他认为，核心素养不只是知识与技能，还包括个体调动和利用种种心理和社会资源，满足在特定情境中完成复杂多变任务的能力。它超越了"认知能力"的范畴，也不限于传统意义上的"能力"，而是包括了知识、技能、价值观等等。他说："核心素养是要在很长时间的教育过程中，经历了非常多的教育事件，然后在一个孩子身上积淀下来的一种持久发生作用的品格和能力。"这种品格和能力将会影响一个人的一生。

"核心素养是经过教育在你身上留下来的东西，包括必备品格、关键能力。"他说。

当有人问我何为核心素养时，我经常举"阿波罗13号"的例子。

"阿波罗13号"发射升空后，船舱发生爆炸，飞船受到重创，产生了一系列致命的严重后果。在宇航员、地面控制中心专家和地球上无数科学家、工程师的共同努力下，解决了一道又一道难题，搭载着宇航员的指令舱成功返回地球。

在创造这一人类航天史上最伟大奇迹的整个拯救和自救的过程中，唯一可以依赖的就是人的核心素养：学科能力，而且能灵活地、创造性地应用学科知识的能力；在陌生的、极具挑战性的情境中的深度学习能力，以及解决从未遇到过的难题的能力；独立摸索、探究、解决问题的意志和能力（在某些境地得不到任何帮助），同时又在一切可能的情况下寻求沟通与合作的意识和能力；时刻保持自信，以及对他人的信任感；永不放弃的决心、毅力和必将成功的信念感。

电影《阿波罗13号》里男主角母亲说的一句话给我留下极深刻印象，她了解自己的儿子，知道从小到大"学习"生涯中沉淀在儿子身上的能力和品格，所以她说了这么一句话："就是一台洗衣机，他也能把它开回来！"

这样的能力，不是只会刷题的"学霸"所能拥有的。

记得前几年，有几位中国教师到英国高中"洋支教"，BBC还拍过一个纪录片《中国老师来了》，引起过不小的反响。许多国人感到自豪，因为中国老师所教的班级学生学科成绩有明显提高，"完胜"英国老师教的班级。有一次，那位来自杭州外国语学校的男数学老师对着"不争气"的英国学生说：中国同年级的学生，数学水平已经高出你们一大截了！可是，在我看来，"高出一大截"的只是做题的技巧，是对十同一题型的熟悉程度，是经过不断重复后得以固化的解题思路，而所有这一切，都变成了分数。如此而已。

我求学时经常被同学看成数学高手，初中时老师也曾选我参加过奥数训练，在他家里"吃小灶"，高考时数学是妥妥的满分，只花了半小时就完成，容易到有一脚踩空的感觉——跟平时与同学PK的难题相比简直太小儿科了。大学里上高数也有一种鹤立鸡群的感觉，以至于有一次在大班考了第一名后，数学老师特意踱到我身边，笑嘻嘻地说："有希望拿一等奖学金哦！"但是，我必须要说，我是个数学上的庸才，我自己太清楚了，我其实并没有数学天赋。我只是会做题，或者说，只会做曾经做过的题，相同类型的题，面对那些题目我已经能做出近乎本能的反应了，可一旦面对完全陌生的新题型（哪怕核心内容也已教过的），我就会一筹莫展，不知从何下手。这样，解题似乎变成了一个与记忆力相关度更高的游戏。

我没有突出的数学思维，却轻松拿满分。而在我自认为是绝对强项的语文学科，高考时得分竟然只有82分（满分120分），是唯一一门没有得全班第一的功课。

浙江大学数学系教授、诗人蔡天新的数学水平是不用质疑的，可多年前有一次一起吃饭时听他谈起，高考时他的数学考得一点也不好。

分数是什么？分数只是一个浮标，核心素养才是躲在水底下的那条大鱼！浮标动了，不一定意味着大鱼在咬钩，很可能只是微风吹起了波澜。可是我们所有人的眼睛却只盯着浮标，把它看成了大鱼本身。

我们孩子的数学学科表现比外国同龄人强，这固然可喜，但千万别得意（包括"输出"了"九九乘法表"）。我这句话可能很多人不爱听，但还是要说：先别急着骄傲，等到数学教科书上出现一大串以中国人名字命名的公式、定理以后再说吧。

英国数学家、哲学家怀特海说过一句很有名的话："把学校学到的知识忘掉，剩下的那一部分才是教育。"核心素养，就是你离开校园多年，什么都忘掉了，书本和笔记都丢光了，剩下来的、存留在你的大脑和心灵里的东西。这点东西，能成为你继续思考和求索的原点，在面对陌生的问题、有挑战性的情境时，调动起心理的能量，焕发出创造的能力。这里有你的认知schema（图式），更有你的意志品质，有你的价值观，有你的情怀。

从小到大，我们学了多少东西，经过了多少场的考试啊！可是经过岁月和生活的淘洗以后最后留下了什么？鲁引弓对此应该也是有深刻洞见的吧，所以他才会借《小别离》中李想的口说出"12年最好年华做的无用功"这样的话。从小学一年级甚至幼儿园开始，我们的脑子里就被塞满了各种"知识"，在一场又一场的考试中检阅着那些"知识"的成色，可是长大以后，"却顾所来径，苍苍横翠微"（李白），只有一片苍茫。

美国心理学家罗杰斯有一句名言："没有任何人能教会任何人任何东西。"这个"教会"里包含着灌输、塞入的意思。可我们总是那么执着地想把更多的"知识"装进学生的脑子里，否则好像时光都被浪费了一般。"知识点啊！""划重点啊！""送分题啊！"好像不这么嚷嚷，课堂就不是课堂，学习就不是学习似的。其实呢，所谓"知识点啊知识点"，不过是《吐槽大会》那位池子的一个"梗"而已。

读某名人传记，他母亲在他小时候说的一句话至今还记得，她说：人啊，教是教不会的，还是要自己会"生化"才行。这个"生化"是土语，是自己生长化育的意思。一个老太太都懂的道理，许多只知道硬摁着灌输的人都不知。

"生化"出来的才是核心素养。自己不懂"生化"，就是如张载所言："在可疑处不疑，不曾学"，全都是伪学习。没有质量的学习，是把不熟悉的知识内容变成熟悉的题目以后，继续一遍遍地刷、变着花样刷、换个马甲刷，一直到熟透了、熟烂了，熟到凭着本能就会做了，才肯罢休。而我所理解的有质量的学习，就是把熟悉的不假思索的事情转化成陌生的、值得怀疑的问题；是provoking a new way of seeing，是要提出问题，挑起问题，而不是只冲着解决"已知"问题。如此，思维方式得到升级，升级为一种critical and creative thinking（批判性和创造性的思维），心智被激发到活跃状态，并且向可能的边界拓展，向可能的高度攀升。

一位知名校长魏勇说：好课要让学生满腹狐疑，要给学生惊喜；要善于"破围墙""开窗户"。

所以，真正的学习未必在课堂上。苏霍姆林斯基是极其强调向自然界学习的，他认为大自然是人取之不尽的思维源泉。尤其在孩子小的时候，要多去田野，去森林，去池塘边，培养他们观察自然中事物和现象的能力，"那令人难忘，使孩子迷惑、诧异的时刻，就是孩子求知欲望升腾的时刻。"①

教育不是灌输，而是点燃火焰。

教育是把我们的内心勾引出来的工具和方法。

思想应该诞生在学生的心里，教师仅仅应当像助产士那样办事。

———

① 苏霍姆林斯基：《给父母的建议》，长江文艺出版社，2017年出版，第46页。

每个人身上都有太阳，主要是如何让它发芽。

问题是接生婆，它能帮助新思想的诞生。

我不是给人知识，而是使知识自己产生的产婆。

以上是怀特海《教育的目的》一书中，译者在脚注中引述的苏格拉底语录。每一句都击中了教育的内核。在拉丁语中，"教育"（educare）的本义是"引出"，与"灌输"正好相反。用一定的手段把某种本来就潜藏于人身上的东西引导出来，从一种潜质变成现实，这就是有质量的教育，这就是生命的成全，在此过程中人所习得、养成、积淀者，即是核心素养。

这样的教育是不会让人沦陷于题海的，其过程本身哪怕负荷满满，也一定是充满了乐趣，而不会让人觉得苦不堪言。我一直说，要减轻学业负担，不是不学习，而是要有真学习，通过学习孩子能获得真成长。快乐一定是来自于做什么，而不是什么也不做。生命和心灵的饱满感一定是来自于实现了什么，而不是放弃了什么。当一个人能保持努力和善良，管理好自己，养成好习惯，积极地去完成一项项有挑战性的任务，去实现一个个有意义的目标，让思维不断进阶，让意志更加坚强，让想象持续升级，那么他就是一个真正意义上的学习者，也是一个"痛并快乐"的逐梦者。

　　只是别忘了，在这过程中一定要紧紧盯住"核心素养"这条大鱼，不要轻易被水面上的浮标忽悠了，它一直在晃动。

是什么让孩子成为完整而幸福的人

朵儿说，今天作业太多太多了。

结果朵儿做到了晚上11点半，还没有收摊的迹象。

做到12点，女孩朵儿还没做完。方圆说，囡囡，要不算了，不做了。

囡囡的眼泪就下来了。这一阵海萍发现女儿晚上睡觉前总要哭一场。

朵儿说，我要做完。

女儿趴在桌上继续做。这一阵她在临睡前总想哭一场，感觉一天下来非得这样宣泄才行。

……

——《小别离》

隔着万水千山，在泰国皮皮岛北部海滩，穿着泳裤的夏君山，带着穿戴泳衣、泳帽、泳裤的一双小儿女，像领着一对活蹦乱跳的小鸭子，在海水中、沙滩上玩耍嬉戏，碧波浩荡、阳光灿烂，玩水、玩沙。

他还让小孩学自己的样子，面朝湛蓝的大海，伸开双臂，仰脸对着阳光，给自己一个深呼吸。

他指给他们看这片浩瀚的大海和天空，他告诉他们，有没有发现，人在这里就很小，是不是？小得像一个点，而我们每天担心的那些事，就更小了，而试卷上比别人少的1分、2分，就是更小更小的一点点了……

——《小舍得》

不知为什么，我对鲁引弓"教育四重奏"里的几个"学渣"都有点好感，比如《小舍得》里的方小棋、《小欢喜》里的季扬扬。学霸们都太紧张了，得失心相对也重一些，一门心思扑在学习上，"生活"层面展开的维度不够，倒是"学渣"们，颇为灵动，浑身的神经和脸上的表情没有绷得那么紧，有着少年的胡闹也有着少年的纯良。

长得像小猴子"蒙蒙奇"的方小棋，先是莫名其妙去奥赛考场凑热闹，又莫名其妙地跟着颜子悠跑出考场："这小子看见他（颜子悠）跑了，也把卷子往头上一抛，也起身拔腿往外跑。"这一幕，对颜子悠来说是悲情的，对方小棋来说则有着一种说不出的喜感。

季扬扬呢，一出场就开着红色法拉利，属于大片风格，偶像派套路，但没想到最狼狈的就是他，跟同学撕扯，与老师闹架，被爸爸甩耳光，哭起了鼻子，全是他。

这两人分别是"富二代"和"官二代"，很容易给人有"娇""骄"二气的刻板印象。他们在学业上被看成"差生"，但方小棋是热心善良的，主动凑过去帮同学（帮欢欢进"蓓蕾坑班"），还主动凑过去瞎仗义（给颜子悠逃奥赛做伴），对于"弃妇"妈妈有着小男孩甜软的依恋；季扬扬在与老师同学起了冲突，强势的妈妈过来兴师问罪时，他特别不愿意违背事实置老师于不利的境地，"良知往往在少年心里"（《闻香识女人》）。在高中毕业前的班会上，已身在美国学音乐的季扬扬还发来视频，给大家谱了一首歌，就是那首"在课桌之上、脸庞之上""在题海之上、人海之上""在天台之上、云朵之上"的《小欢喜》……

我们应该都有过这样的同学吧。平时看起来玩世不恭，有点浮夸，学科成绩稀烂，自己也比较无所谓（至少表面上如此），但体育却很优异，每年的全校运动会是他们大放异彩的高光时刻，为班级争荣誉当仁不让，总忍不住在女生面前拽上一把……但这样的同学往往有情有义。我有位高中同学，平时貌似有点"流"，但毕业多年后，透过其生活经历和轨迹（具体就不说了），才知其实是个很有责任感的男人。倒是在学校里屡被评上"三好学生"（或者像《小舍得》里的"星光少年"）的"学霸"级的人，可能显得更冷漠、更自私一些。学业上的过度竞争真的会让一个少年变得狭隘。我也深深地反思过，自己这个一直以来的"优等生"，在另一个角度的观照下，是不是有很不堪的一面？我还特意写过一篇传播度很高的文章，叫《优等生的自卑》，真的，冷眼看去，我越来越感觉自己是有着真切的自卑感的：你除了会考试，还拥有什么值得骄傲的东西？

有一次在某讲座上我半开玩笑地说，什么是核心素养？第一种说法可以是"丈母娘看重的东西"（房子、车子、彩礼除外），丈母娘替她女儿把关的时候会看重你考试考得好吗？应该是看重你努力、善良、有责任感、身体健康、脑子好用等等。第二种说法可以是：在你离开学校很多年后，面对陌生人尤其是美丽的女孩子，你还可以拿出来吹牛的东西。你会吹嘘你比其他同学多考了多少分么？你还会得意于当时在班级里考了第几名吗？只会让人笑掉大牙。时间是把无情的"奥卡姆剃刀"，会把你曾经引以为傲的、用生命去争取的东西，当成一根可有可无的毫毛，轻松刮掉。时间拉长了，就像空间变大了，忽然就给人一种顿悟般的领会，就像夏君山带着孩子面对天空大海，觉得那试卷上的1分、2分变得那么渺小。

我们多年后还会津津乐道的是什么？是你曾经的奔跑，在运动会上或者越野跑时你第一个冲过终点；是你和队友们一起打篮球比赛，把另外班的大高个们打得狼狈不堪；是你十来岁就半懂不懂地阅读了N本世界名著并且还偷偷地把班长写进了你的小说；是你那会儿随手操起一把吉他弹唱一首《海阔天空》时的潇洒和恣意……

就像季扬扬。就像韩寒。

不久前，马云在母校杭师大110周年校庆上说过这么一句话："往往艺术和体育才能够让孩子成为完整而幸福的人。"他凭着直觉，说到了教育的要害。

体育和艺术居然被抬到如此高的地位。

他还说："我们要从艺术中体验到创意和想象力，要从运动中学会包容，学会团队精神，这会负责任，学会面对失败、面对挫折，学会在冲突中解决问题。我们孩子必须学会在冲突中解决问题，因为未来的社会充满冲突。……

"我们今天要考虑的是要孩子完整而幸福，而不只是会学习的机器……

"我们必须要让孩子拥有强大的自我约束能力、担当力、领导力以及独特的思考能力。"

我绝不是说孩子要像季扬扬、方小棋那样。即便季扬扬表面上那么无所谓，他不还是嚷嚷着"我在乎的，很在乎，非常在乎！"然后给自己找到了一个最后的出路："我要学篮球，我要学音乐，我不跟他们比了，他们也别跟我比了。"韩寒那么潇洒，后来也说过，当年挂科的滋味一点儿也不好受，还说自己退学是一件很失败的事，希望大家不要学他。但是他以前也曾很不服气地争辩过：谁说我离开学校了就没有学习？他一直在学习，学写作、学赛车，学写歌、学出版、学当导演……

我只是说，在现行的评价体系里，有一些孩子在学业上的挫败感是比较强的。可是这并不意味着他们没有自己的优势，就像我在《优等生的自卑》一文最后说的："这个世界上的尺度永远不是单一的……每个人都有软肋……真正的挑战永远在考场之外。"至少从我的视角看去，季扬扬们身上有很多值得赞赏的东西。学科能力的评价是如此强势，我们推崇体育、艺术，把它们的价值拗上去一点还是有意义的——"往往艺术和体育才能够让孩子成为完整而幸福的人。"

教育心理学家认为仅仅根据智力（智力测验结果）来预测一个人的学业成就，是不科学的，因为智力结构中包含了180种不同的能力！在加德纳的多元智能理论里，区分了7种不同的智力，包括语文智力、数理智力、空间智力、音乐智力、体能智力、社交智力、自知智力。最后一种是指认识自己并选择自己生活方向的能力。事实上，虚构的季扬扬和真实的韩寒们所拥有的智力完全可能更多元、更完善，只是在语文、数学智力上处于相对弱势，所以很可能考不过别人而已，但一点也不意味着其长程发展不会更好。我们经常说爱运动的人"四肢发达，头脑简单"，其实，四肢发达的人往往都很聪明，他们的大脑同样发达，只不过他们跟真正的艺术家一样，由于执着于单一目标，且更多关注自身技艺和能力的进步与完善，时时经历着"体育"和"美育"，所以他们的心思会更单纯一些。后面我还会写到，运动将最大限度地激活和点燃一个人的生命潜能，从而让他完成自我实现。

从多元智能的维度看，我们平常说的影响孩子发展的"非智力因素"，其实就是智力因素。智力本来就是多元的呀！之所以还要特意标出"非智力因素"，是因为平常我们总把那个机械死板的IQ当成智力。美国著名认知心理学者斯顿柏格专门写过一本书《IQ不等于智力》。他幼年时有过参加智力测验的痛苦经验，对这玩意儿可谓深恶痛绝。他提出了"智力三维论"，一是"组合能力"，主要指有效处理信息的能力；二是"经验智力"，指个人修改自己的经验从而达到目的的能力，用我们今天的话来说，大致相当于学习能力；三是肆应能力（contextual intelligence），具体情境中的适应、改变和选择能力。后二者，即学习能力和适应能力对个人发展来说是更重要和核心的能力。

简而言之，一些学习成绩不理想，但是同样努力而善良、甚至更努力、更善良，热爱运动、沉醉于艺术的孩子，有可能是离核心素养更近的。他们可能更有后劲，可能拥有"愈远愈大之才"，只有走得更远才能真正见识其脚力。我们应该学会更包容、更积极地看待他们，而他们也值得拥有更多的信心：一个完整而幸福的人。马云的那番话不是凭空臆断，也不是痴人呓语。

想要拥有完整而幸福的人生，那就不能成为"学习机器"。

这可不是为躲懒、苟且找借口，而是说，人要努力，要用功，但一定要追求快乐学习、有意义的学习。钱学森读书时是不追求满分的，因为从"4分"到"5分"需要付出的时间精力太多了，而且意义不太大，他宁可要"4分"然后去学自己想学的别的内容。被网友称为"扫地僧"的李小文院士更会算分数的"性价比"，当年求学期间，满分是5分，考3.5分以下要被警告，结果他每次都只考3.5分，如果考到4分他反而会觉得亏了，不合算。然后他干什么呢？据他自己说是上图书馆，提着旅行袋去借书看。

我采访过的那些考上北大、清华的优秀学生，没有一个人是不努力的，也没有一个是羞于用功的。我总是说，与IQ这样的天赋相比，坚持不懈、自我约束、高度专注，更是一种难得的能力或品质，或者称之为"另一种天赋"也无妨。但是，他们的学习却不是我们想象中"头悬梁、锥刺股"式的那么痛苦，那么悲壮。他们学习的原始动力充沛，善于自主学习，能找到适合自己的学习节奏和学习方法。从小的时候开始，他们都有机会从埋头刷题的苦海中摆脱出来，去体验，去阅读，去思考，去运动，当然还有，去充分睡眠，让自己的生活世界完整而幸福——这当然需要家长在管教方式上保持一种明智的态度。有人说，那些孩子会学习，所以有时间去体验、阅读、思考、运动、睡觉呀！但我们可否反过来说，那些孩子一直以来拥有更多更丰富的自主体验、阅读、思考、运动、睡眠，所以才更善于学习。我一直说要分得清因果，至少要认清楚许多因素相辅相成、互为因果的道理。

要有真实丰富的体验

英国曾列出50项12岁以前必须做的户外活动，包括抓鱼、观鸟、赛蜗牛、看星星、长途旅行等等。美国、澳大利亚等国也有这样的要求，有冒险类、探索类、发现类等活动，此类资讯网上很多，兹不赘述。所有这些体验都在户外，都是与大自然发生亲密接触。

我们也有这样的体验否？悲哀的是，以前的孩子有，我可以随手列出几十项我们小时候的各类户外活动，现在的孩子越来越少有这样的机会。网上流传过一份20世纪30年代某小学的"计划大纲"，上面所列的内容除了"每天整洁一次"、"吃开水五大碗"等日常的"会"和"能"外，还有："认识易见动植物十种以上，并观察其生长过程与人类之关系"、"认识恒星行星十二颗以上，并懂得自然现象的成因与人生的关系"、"会弄一种乐器"、"能欣赏名画和自然风景"、"会修理农具"、"每年长途旅行一次"等等。其中有最"实"的养成和认知教育，也有关乎审美和生命感受的内容。

我们长大以后，经常会轻率地对孩子说，外面有什么好玩的？想想自己的小时候吧。春天的空气，好玩。风筝飞得那么高，好玩。春水涨了，河水与杨柳吻到了一起，好玩。一夜之间山上的李花全开了，好玩。从三四米高的田坎往下跳，那种失重的感觉，好玩。每一个池塘里都有蝌蚪，每一片野地里都有萤火虫，好玩。星星那么大颗，好像挂在树上一般，好玩。拿着蜘蛛网捕蝉，大樟树下看蚂蚁忙忙碌碌大张旗鼓搬饭粒，在河里摸到一条鱼，鱼儿在手里扭动的感觉让人心里狂跳，好玩。清秋季节好玩，收割后的田野好玩，薄雾中人影绰绰，好玩。看到一辆拖拉机，好玩。听到飞机掠过天空的声音好玩。走在鹅卵石铺成的小路上好玩。至于那戏台上的装扮，服饰和脸谱，也好玩。武生耍弄着锣鼓刀枪，翻了两个跟头，突然朝戏台下的你挤了一下眼睛，好玩。戏台下捏泥人卖糖葫芦的手艺，好玩。人挤人，好玩。小孩子流着鼻涕哭，一只小狗盯着块骨头流口水，焦糖的气味若有若无地飘过来，好玩……所有这一切，是如此深刻地镌刻在我灵魂深处，以至于我会一遍遍不厌其烦地咂摸其滋味。我觉得如果不曾体验过那一切，就没有真正的活过。

因为那些体验，我们知道人生完整而美好。因为那些快乐，我们有着强旺的永不可被剥夺的"成长意愿"。请允许我再"闪回"一会儿：那种骑在自行车上微微颠簸的感觉，孩子喜欢；那种赤脚踩在沙地上的痒痒的感觉，孩子喜欢；那种倾听松涛似千军万马奔腾的雄壮的感觉，孩子喜欢；那种仿佛听到麦穗抽芽竹子拔节的声音，孩子喜欢……看到过一幅漫画，青梅刚透出一丁点的红，孩子吮着手指等在旁边，眼巴巴地等着它成熟，这是孩子的等待。那漫画里的孩子，就是我们。

这样的回忆和抒情，与今天的孩子无缘。我替他们感到深深的遗憾。如果要说学习，我觉得在自然界中的所有体验，都是货真价实的学习，"学习不是毫无表情地把知识从一个头脑装进另一个头脑"，这样的学习比被关在家里摁在桌前刷题，更有意义。审美力、想象力、创造力，这些核心的素养，本来就是没法用磅秤来称的，所以自然和体验的意义人们一时是看不到的，在学业压力大、竞争激烈，"教育成了生活"的背景下，它会首先被牺牲掉。

我不否认，用功是必需的。但是在用功的时候，也不要辜负每一个清晨的朝阳，路边的青草，和青草上的露珠；不辜负那一条蜿蜒伸向未来的小路；不辜负还保留着深邃之神秘的那片星空。

要有博洽自由的阅读

阅读的意义，再怎么强调都不过分。

脑科学专家曹立宏在一次智慧教育论坛上说：负责人类高阶思维的前额叶，老师和家长应有意识地通过大量的阅读和讨论，促进其发育，发育时间一旦错过，就很难补救。

培养阅读习惯要抓住10岁以前的关键期，脑科学专家周永迪说，错过关键期，阅读障碍将伴随人的一辈子。

我接触过许多优秀的人，都是从小就爱阅读，在匮乏年代里看到地上有片纸都会捡起来看看的人。

从功利（提高学业成绩）的角度看，阅读也极其重要。

尹建莉在《好妈妈胜过好老师》中说，要论写作能力的经验，只有两个字："阅读。"

张文质在《教育是一种慢的艺术》中说，他女儿的写作能够突飞猛进，靠的就是大量的阅读。

闫学是阅读推广人，她充分地认识到阅读的价值，认为学困生想要"咸鱼翻生"，靠的就是大量阅读。

著名特级教师窦桂梅说：一个不阅读的孩子就是潜在的"差生"。

微信里这样的文章还算是有常识、靠谱的——以阅读实现学业的"弯道超越"。

甚至数学能力的提高，也离不开大量阅读。原腾讯副总裁吴军说，学语文主要是增加理解能力，他在清华的时候发现：学生做不出题，一般是根本没读懂题。而这种"阅读助力数学"的声音正在变得越来越多。

苏霍姆林斯基当然也极其看重儿童阅读。他认为，在早期，儿童还没有完全习惯阅读时，会"把全部的精力都用在阅读过程本身上去"，要做到有理解的阅读，即"在读的时候并没有想到他是在读"，儿童需要在四年时间里朗读过200小时以上，并且默读过2000小时以上。四年里，每天必须阅读一个半小时。

我采访过的一位高考全省第二名、考入北京大学的宁波女孩魏可钦告诉我，她小时候就很爱看书，阅读量多大？简直吓我一跳！"可以一看七八个小时，很吓人吧！"

其实我自己也是超级爱阅读。我天资并不出色，学业上还过得去，全靠爱阅读。可惜当时没啥读的，就到处找书看，包括找来哥哥的各种课本看；而且时时要看书，家里晚上用灯很节省，就抓住最后一点天光看，就着灶台下的火光看。中学时因为作文写得好，被请上台介绍经验，我好像只说了几个字：多读课外书。结果，数学老师出身的班主任赶紧上台"消毒"，说还是要以课本为"本"。其实我分享的的确是"真经"啊。

阅读要趁早。阅读量要大。阅读要有一定坡度。阅读的作用是全方位的。

不谈眼前学业提升的功利，从如何成就"丰富而完整的人生"这个角度看，阅读的意义甚至更重要。

去年，我被聘为某地的阅读推广形象代言人，记者采访我，问我在今天这么一个信息过剩的时代为什么还要强调阅读？

我的回答是：一个人的精神发育史，几乎就是一部阅读史。一个民族的整体素质，几乎与国民对于阅读的热爱程度成正比。这一点已经成为人们的共识，即阅读塑造了我们的模样。可是与一些发达国家相比，我们的阅读量少得可怜。据调查，中国人每年平均阅读图书不到5本，远低于许多国家的水平。即便是最辛苦的中国小学生，阅读量也只有美国同龄学生的六分之一。我们之所以重视阅读的价值，是因为深刻地认识到阅读对于心智发展的不可或缺的意义。文字是几千年来人类文明的最高结晶形态，阅读，是在钻探一个又一个思想的富矿，是在领略不同时代智慧和情怀的美感，并且汲取可以丰富我们当下生活的能量。从这个意义上说，不是我们在读书，而是书在"读"我们。置身于一个资讯泛滥的社会，我们最缺乏的并不是即时可得的信息，而是拥有如何分辨信息的判断力；我们最缺乏的并不是所谓的聪明和"知道"，而是在纷繁中依然能够保持的专注和定力，是百度谷歌、朋友圈和作业帮都提供不了的创造力和想象力。阅读是一剂帮助我们克服心智惰性的良方。阅读是一种开放和学习的心态。阅读能给予我们真正的滋养。所以我主张，进入有坡度的阅读——因为坡度，我们的心智得到激活；进入有温度的阅读——因为温度，我们把阅读变成了一场自我的修为；进入有深度的阅读——因为深度，我们让想象力在辽阔之地游牧。

阅读不仅仅是给我们更丰富的语汇储备、更多样的表达方式，而且还赋予阅读者更立体的情感体验和更丰厚的思想积淀。大量的阅读，给人带来的并不是直接可观的、但却是至精至微的一颗"诗心""文心"。诗人弗罗斯特《收集落叶》中所写的："用铁锹收集落叶／不比用调羹顺手／装满落叶的口袋／轻得就像气球。"把一片片落叶收集起来，费了很多功夫，装了那么大的一袋，可是拎起来却没什么分量，简直是白白浪费了时间。但，真的"浪费"了吗？那一颗轻盈灵动的诗心，对写作的人来说可是无价之宝啊！《诗经》中也写过这样的意思："终朝采绿，不盈一匊……终朝采蓝，不盈一襜。"就是说采了一个上午的草，所得只有不到一捧。可那不到一捧的东西却是宝贝。

阅读的"副产品"是写作。阅读与写作都是与世界对话，是放飞想象、找到内在秩序感的方式。有想象力、有内在秩序感的孩子，能不优秀吗？

但是真的很可惜，在学业的挤压下，阅读也是常常被牺牲掉的。我说过，教育中有太多东西是无法验证的，但阅读之功效几乎就摆在眼前，人们却还是视而不见。也许是因为阅读终究不如刷题和上培训班的效果来得那么直接、那么快？没办法，有时候我只能干着急。

要有阳光持续的运动

关于体育的意义，前面已表达得够多了，就说得简单一点吧。

有一年，在浙江衢州举办的长三角校长高峰论坛上，有位来自江苏的嘉宾校长用实实在在的数据说明，对体育的重视程度与学生的学业成绩成正比（"心疼"一下季扬扬）。他们坚持了一段时间的晨间长跑，学生的体质变强壮了，平均肺活量全市第一，与此相应，学科成绩也牢牢占据第一。这位校长因此被我们戏称为"肺活量校长"。

浙江台州的一位高考理科状元陈豪称得上"运动达人"。上初中后的第一个暑假，别的家长都忙着为孩子找培训班老师补习英语和数理化，陈豪的父母却给她找了一位武术老师，让她每天早晚练4小时的武术。

运动有益学习，这是有科学根据的。因为有氧运动让大脑的运动皮层兴奋，此时其他的皮层就可以休息了，这对于补充能量达到新的平衡非常重要。

体育赋予人的东西很多，有的看得见，有的看不见。马云说的从运动中学会的"包容、团队精神、面对失败挫折和在冲突中解决问题的能力"，都是隐藏于身却会在各种情境下显现出来的素养，这种素养对成功必不可少，对"完整而幸福的人生"也是不可或缺的。

要有充足深度的睡眠

"长颈鹿一天只睡两个小时，斑马是站着睡觉的，考拉一天要睡十八个小时，而狮子一天要休息二十个小时……我呢，我一天要睡十个小时，哈哈哈……"

这是我家小孩刚上小学一年级时的寒假写话作业，题目是《动物的睡眠》。他读了本《动物百科》，里面有精美的图片，他很喜欢。不过，他说自己一天睡十个小时，这不符合事实。

中国孩子睡眠时间不足是个大问题。从脑科学家的眼光看来，睡眠就是一个学习过程。脑科学专家曹立宏教授说，"如果不让孩子睡好觉，基本上学进去的东西，过一会儿就可以还给你。"

我们的记者曾经作过采访，发现一个现象，那就是优等生的睡眠时间比学困生多。对于这一事实，当然也可以做出因果倒置的两种解读。比如，因为他是优等生，完成作业快，所以睡得多；或者，因为睡得少，所以做作业更拖拉，学习也更差。无论怎么解读，有一点须清楚：越是睡得少，效率肯定越低，然后睡得就更少。说白了，即"越熬越笨，越笨越熬"，这就进入了一个恶性的"死循环"。

正是认识到睡眠的重要性，浙江省今年推出了全省范围内的推迟入学指导意见，规定小学一二年级上午上课时间不得早于八点半。杭州市拱墅区、上城区则提出了中小学生"晚十点、不作业"的新规，收获了大面积的好评。无论其实效究竟如何（实效是要落在每一个家庭的自觉自愿上的，落实在每一个妈妈的认知和行动上的），这样的导向无疑值得夸赞，是要从"死循环"中解脱出来的一次努力。

让我们的孩子多睡一会儿。

让他们在每一个清晨都能自然醒。

教育需要去繁密，留余裕；需要摆脱刻板，变得丰富；需要走出单一，拥抱多元。但在特定的时段，"理有固然，势无必至"，过度功利化的教育生态仍然极其顽固，自觉追慕教美好教育的行程，才刚刚开始。

此刻我正坐在以300公里时速飞驰的高铁上，用手机写着这段文字。窗外掠过的大片平原正沐浴着阳光。在沉默中，在孤独中，忽然有一丝莫名的感动袭来。

我又一次，想到了小时候那些无忧无虑的读书时光。想到了童年少年如风一般自由的奔跑和漫想。想到了乡野之间从没有错过的任何一缕春光。

今天的教育怎么了？为何再也没有了从容和优游，少了人与自然之间单纯的亲近，少了和煦的春风和明媚的心境？

中国的教育太难。知难，行更难。中国的教育是有着血和泪的。

有一个底线必须坚守，无论怎样光鲜的教育"成果"的取得，都不应以"挤柠檬"的方式，在基础教育段留下了汁水，留给大学和社会以及更长的人生一点干瘪的残渣。教育小目标的实现不能以伤害生命这个终极目标为代价。

在这样一个契机，我们不妨重新整理观念，重新校准方向，重新凝聚力量，向着并不虚无的理想前进。

让我们再一次确认，什么是教育真正的荣光：让孩子成为完整而幸福的人。

这才是真正的大鱼。